OS BÚZIOS DA SANTERIA

Manual para Divinação por meio dos 16 Odù
Segundo a Tradição Afro-Cubana

Fernandez Portugal Filho

OS BÚZIOS DA SANTERIA

Manual para Divinação por meio dos 16 Odù
Segundo a Tradição Afro-Cubana

MADRAS®

© 2013, Madras Editora Ltda.

Editor:
Wagner Veneziani Costa

Produção e Capa:
Equipe Técnica Madras

Revisão:
Silvia Massimini Felix
Neuza Rosa
Maria Cristina Scomparini

Dados Internacionais de Catalogação na Publicação (CIP)
(Câmara Brasileira do Livro, SP, Brasil)

Portugal Filho, Fernandez
Os búzios da Santeria : manual para divinação
por meio dos 16 Odù segundo a tradição afro-cubana
Fernandez Portugal Filho. – São Paulo : Madras, 2013.
Bibliografia

ISBN 978-85-370-0850-8

1. Jogo de búzios 2. Oráculos 3. Orixás
4. Umbanda (Culto) I. Título.

13-04840   CDD-133.322

Índices para catálogo sistemático:
1. Jogo de búzios : Artes divinatórias 133.322

É proibida a reprodução total ou parcial desta obra, de qualquer forma ou por qualquer meio eletrônico, mecânico, inclusive por meio de processos xerográficos, incluindo ainda o uso da internet, sem a permissão expressa da Madras Editora, na pessoa de seu editor (Lei nº 9.610, de 19.2.98).

Todos os direitos desta edição, reservados pela

MADRAS EDITORA LTDA.
Rua Paulo Gonçalves, 88 – Santana
CEP: 02403-020 – São Paulo/SP
Caixa Postal: 12183 – CEP: 02013-970
Tel.: (11) 2281-5555 – Fax: (11) 2959-3090
www.madras.com.br

*"En silencio ha tenido que ser,
Porque hay cosas que para
Lograrlas han de andar ocultas."*
José Martí

ÀWỌN OWO ẸYỌ DIFÁ
(Os Búzios da Santeria)
ÌKÒWÈ NIPA ÌTÀN IFÁ PÈLÚ
ÀTÌLẸSÈ ÀWỌN ODÙ MẸRÌNDÍLÓGÚN

(Livro sobre os versos de Ifá por meio dos 16 Odù)
(segundo a tradição afro-cubana)

Agradecimentos

Este trabalho só foi possível graças a um seleto grupo de amigos habaneros, estudiosos e religiosos que me permitiram, em muitas ocasiões, a obtenção de preciosas informações baseadas em seus estudos e acima de tudo na experiência da prática da tradicional religião afro-cubana.

- **Santeros:**
  - Alfredo Maldonado;
  - Agustín Montano Luís;
  - Raimundo Respall Fina.

- **Bàbáláwó:**
  - Luis Isac Larondo Risalti (*in memoriam*);
  - Rafael Hernandez Rosalez (Pipo);
  - Omar Quevedo;
  - Lázaro Vidal;
  - Silvio Mendez;
  - Gregório;
  - Victor Betancourt Estrada
  - Lázaro Cuesta Valdés.

- **Hierberos:**
  - Juan Carlos Perez Laronte;
  - Lázaro (Papito).

- **Cantantes afro-cubanos (*in memoriam*):**
  – Lázaro Ross;
  – Merceditas Valdés.

- **Paleros:**
  – Nelson Aboy (*mi padriño*) que gentilmente me recebeu em sua residência no bairro de Playa, proporcionando-me deliciosos encontros de estudos. Sua vivacidade e experiência no culto me conduziram a inequívocas observações.

- **Escritores e estudiosos:**
  – Luiz Alberto Pedroso – museólogo – Museu de Regla;
  – Professor doutor Rubém Zardoya – filósofo – reitor da Universidade de Havana;
  – Natália Bolívar Aróstegui;
  – Miguel Barnet;
  – Alberto Pedro;
  – Andrés Rodriguez Reyes;
  – Raimundo Respall Fina;
  – Professor Alberto Granado Duque – historiador – Casa de Africa;
  – Norma Suárez Suarez – editora;
  – Roberto e Mida Delgado Perez;
  – Maria Cristina Peña Reigosa – Museu de Guanabacoa;
  – Esperanza Aquilar Ruiz – astróloga;
  – Miguel Lassaga – numerólogo e astrólogo.

Estendo os agradecimentos aos meus colegas do Centro de Estúdios de África y Médio Oriente, em especial ao seu diretor, dr. Luiz Mesa Del Monte, aos amigos que conquistei na Embaixada do Brasil em Havana; e por fim não há como esquecer de Juan José, Ñico e Alejandro, amigos valorosos que me prestaram os melhores serviços em meu caminhar para descobrir Cuba. Juan José e Ñico esperaram, por várias horas, que eu detalhasse cada quarteirão habanero, e Alejandro, com sua lente sensível, registrando meus mais belos momentos em terras "fidelistas".

Não poderia encerrar sem citar amigos, aqui no Brasil, que contribuíram para a parte final deste trabalho:
  – Sérgio Campos (digitação);
  – Ângela Machado (tradução espanhol/português);
  – Ekun Dayọ (tradução yorùbá);
  – Bàbálòrìṣà Silvio d'Irókò (*in memoriam*).

Apresentação

Meu destino conduziu-me inúmeras vezes à paradisíaca Cuba, e isso me proporcionou obter, em distintas situações, sólidas informações sobre o culto afro-cubano, especialmente a prática do jogo de búzios. À primeira vista pode parecer estranho um livro de prática de búzios da santeria ser escrito por um brasileiro, mas essa admissão extemporânea consolida minha experiência anterior na publicação de vários livros, no Brasil, sobre jogo de búzios (*vide* bibliografia). De muito valeu-me a experiência como sacerdote dos cultos aos Òrìṣà, além de minhas fraternas e cálidas amizades na ilha de Fidel. Este texto final só foi possível ser redigido graças à frequência em Havana para ministrar o curso "De Exu a Oxalá – os deuses Yorùbá", em nível de Mestrado, em Antropologia Sociocultural, para o grupo de Antropologia Cultural da Faculdade de História e Filosofia da Universidade de Havana.

A maior parte de minha pesquisa foi realizada em maio/junho de 1994, maio/agosto de 1995, agosto de 1995 e fevereiro/outubro de 1996 e janeiro de 1999. Uma frequência a casas de culto, em Havana, com várias entrevistas, possibilitou-me uma rica experiência junto a bàbálòrìṣà, ìyàlòrìṣà, italeros, oriatés e paleros, que me incentivaram a registrar estas notas. Neste trabalho procuro esclarecer a concepção afro-cubana sobre o jogo de búzios e ao mesmo tempo proporcionar ao leitor um estudo comparativo entre o jogo de búzios praticado no Brasil e em Cuba.

Esta publicação pretende tão somente ser uma pequena introdução à divinação com os búzios e não um longo manual de complexas instruções para iniciantes.

O jogo de búzios praticado na santeria é um exemplar sistema divinatório, tornando-se necessários vários anos de estudo e prática com os "oriatés ou italeros", especialmente de notórios conhecimentos, antes de o indivíduo tornar-se um eficiente intérprete dos Òrìṣà por meio dos Odù.

Os búzios são conhecidos em Cuba como "caracoles" e seus jogadores são popularmente chamados de "caracoleros". Sem dúvida, o jogo de búzios é o mais popular dos sistemas divinatórios da religião afro-cubana, denominada como santeria – palavra de origem espanhola que quer dizer adoração aos santos. Em verdade, é um conjunto de crenças e práticas religiosas do Catolicismo e dos mitos e práticas sacro-mágicas do povo Yorùbá/Bantu. É, sobretudo, uma religião sincrética de identificação entre os Òrìṣà e os santos católicos. Os "santeros ou olochas" são os sacerdotes da religião afro-cubana. O sacerdote é conhecido como "babalocha" (pai de santo) e sua contraparte feminina, "ialocha" (mãe de santo).

O gênero de búzios mais usado na interpretação do oráculo é uma variedade do gastrópode denominado *Cypraea Moneta*, que em tempos remotos era considerado dinheiro na costa da Guiné, na África e em várias partes do sul da Ásia, também conhecido como "cawri".

Para o povo yorùbá é extremamente valioso, pois, além de seu uso como objeto sacro-mágico para interpretação dos Òrìṣà por intermédio dos Odù, ele é considerado, por sua importância, um porta-voz. Seu uso se estende também ao artesanato religioso afro-negro, assentamentos de Òrìṣà, etc.

Os "santeros" usam o "dilogun" ou "divinação" por meio dos Odù, e ali é indagada aos Òrìṣà a vida do consulente, buscando descobrir a fonte dos seus problemas e a maneira mais adequada de resolvê-los. São usados, pelos "santeros", basicamente os seguintes critérios:

1. realização de uma leitura geral na vida do consulente e das circunstâncias que o envolvem, focalizando qualquer problema específico enfrentado por ele;
2. sugestão de possíveis soluções para os problemas do consulente; na maioria das vezes, estas necessitam da ajuda dos Òrìṣà, Ẽgun e algumas práticas do Palo Mayombe e Palo Monte.

O *dilogun* é a essência, o núcleo da "santeria": sem os búzios, o "santero" não tem poder e não pode praticar a religião, pois é também utilizado para consultas a não iniciados; é fundamental em todas as iniciações da santeria e a cada vez que um dos Òrìṣà necessita ser consultado.

Outro sistema secundário de divinação utiliza cascas de coco seco, conhecido por "chamalongo", que é usado por santeros, adeptos do culto Palo Mayombe e Palo Monte, e também por Bàbálàwó afro-cubanos, no culto Ẽgungun. Trata-se, na verdade, de um método simplificado de combinações por meio de configurações que servem para interpretar a vontade do Òrìṣà ou do Ẽgungun, substituindo ocasionalmente o jogo de búzios durante as cerimônias menores. Constatamos que o "jogo de búzios" é uma prerrogativa dos santeros, porém o "chamalongo" pode ser usado tanto por eles quanto por outras pessoas que não sejam dessa categoria sacerdotal.

A ausência do obi (*cola acunminata*) em terras cubanas levou, inteligentemente, os religiosos afro-cubanos a descobrir no coco seco um excelente substituto, nas diversas cerimônias oficiadas dentro da santeria e também no culto a Ifá. O coco é duplamente utilizado nos rituais de Bọri, no preparo e na oferenda de comidas votivas e principalmente no sistema oracular, dentre tantas outras utilizações. Neste trabalho, vou ater-me somente à prática do "jogo de búzios" dentro da santeria.

Uma bibliografia, específica e selecionada, tanto em português como em espanhol, certamente encaminhará o leitor interessado por essa prática divinatória.

É por sua eficácia com os búzios que o santero, com maior número de acertos, prova seu valor diante da comunidade, exercendo múltiplas funções como conselheiro, médico, psicólogo, confessor, etc., todas em uma só, possibilitando com frequência esperança onde não há e reafirmando a vontade de viver naqueles que quase já a perderam. Pela precisão de suas previsões, aposta na eficácia dos medicamentos que prescreve para seus consulentes com a ajuda do "jogo de búzios".

Parece-me desnecessário reafirmar a eficácia do sistema de saúde pública do povo cubano, reconhecido mundialmente, por isso os santeros e bàbálàwó não pretendem ser médicos, embora alguns o sejam profissionalmente. E com frequência enviam seus consulentes ao médico ou também se utilizam dos "osaynionistas" (adoradores de Osanìyn). Não desejo aqui, nem é o propósito deste trabalho, discutir a qualidade do atendimento e sua precisão; em verdade, o que o santero oferece é orientação espiritual aumentando a autoconfiança dos que o procuram. As pessoas que buscam o santero em geral se encontram, quase sempre, em grandes dificuldades, sobretudo econômicas, e é o que não falta na ilha. Quase sempre os consulentes, ao término da consulta, sentem renovar a esperança, mesmo quando a situação é grave, existindo poucas possibilidades de que ela mude para melhor. O consulente sente-se envolvido por uma aura de otimismo, fruto da sutil influência psicológica do santero, exercida por ele por meio da fé inabalável nos poderes dos Òrìṣà. Essa fé é tão forte que se torna contagiante em sua essência. O consulente é deixado com a sensação de que, independentemente da gravidade de seu problema, encontrará uma saída.

Um dos aspectos que me chamou atenção na prática oracular da santeria é o grande conhecimento patrimonial de informações como "pàtàkì", "ìtàn", etc. É curioso também observar a unificação de informações entre os praticantes da santeria, colocando-os quase no mesmo nível. É evidente que a sensibilidade intuitiva e a ação permanente de entidades sobrenaturais contribuem de forma maciça para o perfeito exercício da prática do "jogo de búzios", com isso concordam todos os santeros e bàbálàwó.

Parece-nos evidente que, com a demanda do crescimento turístico na ilha, algumas tradições tendem ao desaparecimento e outras tantas a uma divulgação, por ora, folclórica, muitas vezes motivadas por significativas modificações sociais. É natural que com o passar do tempo alguns ritos sejam alterados, porém ainda são obedientes a fundamentos registrados em tratados, publicados de forma rudimentar, e que no passado eram privativos dos santeros e bàbálàwó e que hoje são facilmente encontrados nas ruas de Habana Velha, nas praças públicas e nas livrarias.

Alguns santeros possuem códigos bem próprios de interpretação dos Odù, não se atendo somente aos tratados.

O pagamento por uma consulta com "jogo de búzios" é conhecido, em Cuba, como "derechos" – palavra espanhola que quer dizer direitos –, e é de pequeno valor, chegando aproximadamente a dois pesos cubanos, porém esse critério só difere quando se trata de consulentes estrangeiros. Diante dessa realidade alguns cubanos esquecem, rapidamente, a ideologia socialista e cobram preços exorbitantes a incautos estrangeiros, porém é uma parcela mínima que assim se comporta. Com o *boom* do turismo cubano e a cruel dificuldade econômica, é necessário atenção e sobretudo o acompanhamento de um amigo *habanero* que esteja inteirado nesse assunto. Recomendo, pois uma boa indicação pode evitar transtornos. Em outras épocas, o dinheiro que os santeros recebiam pelas consultas oraculares era usado na compra de objetos litúrgicos, ingredientes necessários à prática religiosa, mas hoje, diante das dificuldades já expostas, o dinheiro é também destinado às despesas normais do cotidiano.

Os santeros por mim entrevistados são escrupulosamente honestos, claros na forma de se expressar, simpáticos e preparados na arte oracular, sem exceção; possuem uma fé segura nos Òrìṣà e um grande pavor de incorrer na ira das deidades, além de um percentual elevado ter curso superior. As prescrições dos santeros são indicadas pelo "jogo de búzios" e variam de caso para caso, podendo as oferendas ser de flores, banhos ritualísticos e sacrifícios animais, embora esses últimos não sejam tão comuns, pois são utilizados somente em situações extremas como exigência de determinado Òrìṣà que não aceita outro tipo de oferenda, quando a vida da pessoa está em perigo iminente ou mesmo quando suas dificuldades são intransponíveis.

É grande o conhecimento empírico da flora cubana pelos santeros, e o uso de ervas medicinais e litúrgicas é parte importante nas cerimônias da santeria. O santero é, em geral, um competente herbalista, capaz de identificar uma centena de ervas, raízes, cascas e frutos em um relance, sabendo separá-las por sua importância, quer medicinal, quer litúrgica. As ervas são conhecidas coletivamente pelo nome yorùbá, èwé, que quer dizer folha; são comumente usadas em banhos, chás, beberagens, enfim, em todas as cerimônias rituais religiosas afro-cubanas. Um bom número de cânticos em louvação a Osayin personaliza o ritual das folhas. Alguns desses cânticos, para quiná-las, foram por mim identificados, por ser de uso corrente no candomblé afro-brasileiro. Um elenco impressionante de folhas torna a rica flora tropical cubana similar à brasileira.

A bebida ritual de maior poder, utilizando o maior número de ervas e componentes litúrgicos dos Òrìṣà, chama-se "omiẹrọ̀" – água do segredo –, o líquido sagrado da "santeria".

Como disse anteriormente, somente os santeros podem ler o "jogo de búzios", existindo diversas razões para essa precaução. Como os búzios são os porta-vozes dos Òrìṣà e estes falam somente por intermédio de seus iniciados, isso requer uma profunda compreensão da alma humana, uma extraordinária vivência pessoal e uma grande sensibilidade para saber interpretar a linguagem das deidades, seus atributos, caprichos, idiossincrasias, etc., enfim somente um dom nato transforma simples mortais em decifradores da complexa linguagem dos òrìṣà afro-cubanos.

Dividi o livro em capítulos e encabecei os que trazem os Odù, com provérbios cubanos citados por quase todos os santeros, que os usam com o intuito de ilustrar e acima de tudo aconselhar o consulente/afilhado.

Os textos em lucumí foram traduzidos para o yorùbá e aí, então, para o português; dessa forma as traduções ficaram bem mais próximas aos textos matrizes.

Fernandez Portugal Filho

Índice

Introdução 17
Mojúbà 19
Oráculo Por Meio dos 16 Búzios 21
    Separação dos Odù Maiores e Menores 23
    "Procedimentos para realizar o jogo de búzios" 24
    "Regras para jogar os búzios" 29
    "Colocar o IGBO" 30
    Os IRÉ = sorte/positividade 33
    Os OSOBO = perdas/negatividade 34
Os 16 Odù para Jogo de Búzios 35
    Òkànràn 36
    Èjì Okò 41
    Èta Ògúndà 45
    Ìròsùn 49
    Òsé 53
    Òbàrà 58
    Òdí 63
    Èjì Onílè 68
    Òsá 74
    Odù Òfún 81
    Odù Òwòrìn 87
    Odù Èjìlá Sebora 91
    Odù Èjì Ológbòn 98
    Odù Ìká 102
    Odù Ogbè Ogúndà 106

Odù Àláfià 110
Odù Méjì ou Odù Compostos 115
   Òkànràn Méjì: 117
   Éjì Òkò Méjì: 117
   Ogúndà Méjì: 118
   Ìròsùn Méjì: 118
   Òṣé Méjì: 119
   Òbàrà Méjì: 119
   Òdí Méjì: 120
   Onílẹ̀ Méjì: 120
   Òsá Méjì: 121
   Òfún Méjì: 121
   Òwọ́rín Méjì: 122
   Laṣẹbọra Méjì: 122
   Ọlọ́gbọ́n Méjì: 123
   Ìká Méjì: 123
   Ògbẹ̀-Ógùndà Méjì: 124
   Ãláfià-Méjì:... 124

Outros Odù Compostos 125

Os Odù compostos que determinam que alguns Òrìṣà
sejam assentados para uma pessoa 142

Os Odù que determinam quais Òrìṣà podem ser tirados
pelo jogo com coco 144

Outras Informações 145

Omìẹ̀rọ̀, a água que apazigua 146

O Autor 153

Yorubana, uma Nova e Moderna Perspectiva do Ensino
Afro-Brasileiro e Tradicional Religião Yorùbá 155

Bibliografia 171

Introdução

A tradicional religião yorùbá é também composta de distintos sistemas divinatórios ou oraculares. Em Cuba é bem popular a prática divinatória pelo coco, conhecida como oráculo de Biagué, sistema muito antigo, porém simples e não menos eficaz. Por meio desse oráculo específico, qualquer pessoa pode usá-lo, mesmo que não seja iniciada na santeria/culto aos òrìṣà. Cinco odù são marcados conforme as caídas dos quatro pedaços de coco.

Dentro do culto de Ifá, o bàbáláwó usa o Ọpọ́n (tabuleiro de Ifá), os Ikin (caroços de dendezeiro) e o Ọ̀pẹ̀lẹ́ (rosário com oito metades de nozes interligadas por elos de metal ou miçangas coloridas ou ainda búzios), sendo que em ambos os oráculos são sacados os 16 odù méjì.

Os santeros e as santeras trabalham com o jogo de búzios e interpretam os odù até o 12º (Èjìláṣẹbọra) pois, segundo a tradição religiosa afro-cubana, a partir do 13º (Èjìológbọ́n) – onde nasce a maldição de Babalú Aiyé (Ọbalúaiyé) –, Ifá se cala e somente os bàbáláwó podem interpretar até o 16º (Àláàfìà).

Abrimos um parêntese para expressar nosso pensamento em relação a esse determinismo conceitual encontrado nos cultos afro-cubanos de que somente os santeros interpretam Ifá até o 12º odù (Èjìláṣẹbọra). Em princípio, acreditamos que tal conceito surgiu a partir dos bàbáláwó yorùbá que aportaram em Cuba e, por razões ainda secretas ou perdidas no tempo, mas cremos políticas, dentre estas, limitaram por meio de força imperativa o trabalho dos santeros, deixando clara sua territorialidade, e determinaram que os santeros não poderiam interpretar Ifá a partir do 13º odù (Èjìológbọ́n) e que, se em seus oráculos, esse odù, assim como o 14º, o 15º e o 16º, parissem, teriam de prescrever ao seu consulente que procurasse um bàbálàwó para que esses odù fossem interpretados, mostrando assim o poder absoluto que detinham e que permanece até os dias atuais.

Embora tenhamos pesquisado junto a santeros e bàbálàwó cubanos o "jogo de búzios", e também em livros e tratados de Ifá, não obtivemos uma explicação convincente sobre o tema, talvez até por serem os religiosos afro-cubanos muito ciosos de sua cultura. Também, no culto a Ifá é vedado aos filhos de Babalú Aiyé ser consagrados bàbálàwó, embora tenha chegado até nós a informação de que aqui, no Brasil, já existem filhos de Babalú Aiyé iniciados por sacerdotes de Ifá afro-cubanos nos segredos de Ọrúnmìlà recebendo o cargo de bàbálàwó.

Porém, até agora não encontramos dentro da tradicional religião yorùbá, seja na vertente de Ọrúnmìlà ou de Òrìṣà, explicações palpáveis para esses interditos.

Segundo as tradições afro-cubanas, somente aos bàbálàwó pertence o segredo fundamental de Olódùmarè, inclusive o santero recebe èṣù do sacerdote de ifá que também realiza ẹbọ antes da iniciação deste no culto ao seu òrìṣà Olọrí e lhe transmite o àṣẹ do Deus da Adivinhação.

Não sabemos se esse é um costume desenvolvido, em Cuba, para que os bàbálàwó possam ter, sempre, ascendência sobre os santeros e os oriaté, chamados de "mestre de cerimônias dos òrìṣà", porque conduzem por meio do jogo de búzios os rituais de iniciação no culto ao òrìṣà, como também os pertinentes à morte do santero.

Um dos maiores atrativos da "Regla de Ocha" é exatamente a comunicação com o sobrenatural por intermédio do oráculo, pois permite ao santero responder às inquietudes, às ansiedades, às angústias e aos problemas cotidianos vivenciados pelos humanos. Nada é dito, nada é feito sem a indicação dos deuses.

Hoje, o que é conhecido como santeria nada mais é do que reminiscência de um passado remoto de um país da África Ocidental, especificamente a Nigéria, sendo, dentre algumas etnias, a mais expressiva a Yorùbá, que pratica uma das religiões mais desenvolvidas do mundo afro-negro e que se avulta por outros continentes.

Mojúbà

ÀGÒ, MOJÚBÀ
(Licença, meus respeitos)

ÀGÒ, MOJÚBÀ	IRÚNMALẸ̀
ÀGÒ, MOJÚBÀ	ẸBỌRA
ÀGÒ, MOJÚBÀ	IGBAMALẸ̀
ÀGÒ, MOJÚBÀ	ỌRUN
ÀGÒ, MOJÚBÀ	AIYÉ
ÀGÒ, MOJÚBÀ	ILẸ̀
ÀGÒ, MOJÚBÀ	ÈWÉ
ÀGÒ, MOJÚBÀ	OMI
ÀGÒ, MOJÚBÀ	BÀBÁLÁWÒ MI
ÀGÒ, MOJÚBÀ	BÀBÁLÓRÌṢÀ MI
ÀGÒ, MOJÚBÀ	ÌYÁLÒRÌṢÀ MI
ÀGÒ, MOJÚBÀ	ẸLÉDA MI
ÀGÒ, MOJÚBÀ	ÒRÌṢÀ MI

MO WÀ DUPẸ̀ LỌ́WỌ́ ÀWỌN ÒRÌṢÀ
(Eu estou agradecido aos Òrìṣà)

MO WÁ DÚPẸ̀ LỌ́WỌ́ ÀWỌN ÒRÌṢÀ   ÀGÀNJÚ ỌLÁ ṢÍ BỌ̀
(Riqueza que abre retorno)

MO WÁ DÚPÉ LỌ́WỌ́ ÀWỌN ÒRÌṢÀ   IYẸMỌJA YẸ MỌ̀WÒ
(Mãe que conhece pelo olhar)

MO WÁ DÚPÉ LỌ́WỌ́ ÀWỌN ÒRÌṢÀ   ÒṢUN AJAGÙRÁ (a que adquire luta)

MO WÁ DÚPÉ LỌ́WỌ́ ÀWỌN ÒRÌṢÀ   ÒṢUN BIKINBIKIN (da placenta)

MO WÁ DÚPÉ LỌ́WỌ́ ÀWỌN ÈṢÙ, ALAGBÁRA   (Eu estou agradecido aos poderosos Èṣù)

MO WÀ DUPÉ LỌ́WỌ́ ÀWỌN GBARA ÈṢÙ TITUN   ÈṢÙ GBARA TITUN (Èṣù do poder novo)

MO KÍ ÀWỌN ÈÉGÚNGÚN, OLÓORE   (Eu cumprimento a bondade dos Èégúngún)

MO KÍ ÀWỌN ÈÉGÚNGÚN OLÓORE   BÀBÁ IKINBULAIYE (Dendezeiro que cobre o mundo)

MO KÍ ÀWỌN ÈÉGÚNGÚN OLÓORE   BÀBÁ ṢEMBẸ́ (Que faz suplicando)

MO KÍ ÀWỌN ÈÉGÚNGÚN OLÓORE   BÀBÁ ÀRÁBUÌNÀ (Corpo que se cobre de fogo)

MO KÍ ÀWỌN ÈÉGÚNGÚN OLÓORE   BÀBÁ ỌLẠ́ṢEBUWÀ (Riqueza que faz cobrir a existência)

Oráculo por Meio dos 16 Búzios

Na santeria, os búzios são tirados, por meio de Èṣù, em números que variam entre 18 e 21, popularmente chamado de mão; desses, 16 são separados e têm limada a parte contrária à serrilhada; aí então é processada a consagração. Os outros búzios que não foram limados são tidos como guardiões ou "Òdèlé" e desenvolvem o papel de "testemunhos".

Faz parte da tradição afro-cubana guardar o oráculo em uma bolsa de tecido ornada com búzios de preferência na cor representativa do òrìṣà ao qual foi consagrado. Além disso, simbolicamente é agregado um osso pequeno do animal oferendado ao òrìṣà, "dono do jogo" ou "aquele que detém a custódia do jogo de búzios".

Aliado ao jogo de búzios, faz-se necessário um conjunto de elementos denominado "Igbo", constituído de:

– òkúta kékeré (pedra pequena);

– ọwọ́ran (boneco pequeno ou somente a cabeça, que pode ser substituído por uma semente de abacate ou ainda por uma concha marítima);

– ẽgúngún kékeré (pequeno osso de animal sacrificado na comunidade religiosa, principalmente que tenha sido para Èṣù);

– ẹfun (pedaço ou inteiro, que em Cuba tem a cascarilha como seu similar).

– **Consagração dos 16 Búzios:**

Os 16 búzios são lavados com "omiẹ̀rọ̀" dentro do assentamento do òrìṣà, "dono do jogo", e em seguida se fazem os sacrifícios animais determinados por Ifá, que são o ápice do ritual de consagração. A partir de então os búzios serão porta-vozes dos deuses.

"OS 16 ODÙ MATRIZES"

Os odù, também chamados de "letras" em terras cubanas, compreendem 16 matrizes, porém, como já vimos anteriormente, os santeros só interpretam 12. Contudo, vamos listar aqui todos os 16 odù.

Normalmente os santeros entendem que existem 17 caídas, exatamente porque todos os 16 búzios caíram com suas partes serrilhadas voltadas para o Ọrún. Aqui no Brasil, quando isso acontece, é entendido como "jogo fechado".

Embora os santeros só interpretem 12 odù, vamos listar os 16 odù matrizes:

1) Ọ̀kànràn
2) Èjì okò
3) Ẹ́tà ògúndà
4) Ìrosùn
5) Òṣé
6) Ọ̀bàrà
7) Òdí
8) Èjì Onílẹ̀
9) Ọ̀sá
10) Ọ̀fún
11) Ọwòrìn
12) Èjìlá Ṣebọra
13) Èjì Ológbọ̀n
14) Ìká
15) Ogbè Ògúndá
16) Àláàfià

Em contrapartida, quando os 16 búzios caem todos com a parte limada para o Ọrún, quem "fala é Ọlọ́kun, e nesse momento o jogo é interrompido para que todos que ali no local se encontram tomem água nas mãos em concha e, em seguida, lance-as para cima, de forma que a água caia como se fosse chuva".

Separação dos Odù Maiores e Menores:

- **Odù maiores (odù Tobi):** são relacionados ao lado esquerdo, mais precisamente à mão esquerda, e compreendem:
    → 1 – Ọ̀kànràn
    → 2 – Èji okò
    → 3 – Ètà ògúndà
    → 4 – Ìrosùn
    → 8 – Èjì Onílẹ̀
    → 10 – Ọ̀fún
    → 12 – Èjìlá Şebọra
    → 13 – Éjì Olọ́gbọ̀n
    → 14 – Ìká
    → 15 – Ogbẹ̀ Ògúndá
    → 16 – Àláàfià

- **Odù menores (odù kékéré):** são relacionados ao lado direito, mais precisamente à mão direita, e compreendem:
    → 5 – Ọ̀şé
    → 6 – Ọ̀bàrà
    → 7 – Òdí
    → 9 – Ọ̀sá
    → 11 – Ọ̀wọ̀rín

"Procedimentos para realizar o jogo de búzios"

O santero realiza o jogo de búzios sentado sobre uma esteira, e descalço. O consulente senta-se à sua frente em uma cadeira ou banco, também descalço.

Algumas etapas são cumpridas pelo santero antes de começar a lançar os búzios sobre a esteira, a saber:

I – ÀDÚRÀ ỌWỌ́ ẸYỌ́
(Reza dos Búzios)

O santero lança quatro porções de água fria ao chão, direcionando norte, sul, leste e oeste, dizendo:

(N)
OMI TÚTÚ
(água fresca)

(L)
ILÉ TUNTUN
(casa fresca)

(O)
DÁRA/OHUN TUNTUN
(está bem/está fresco)

(S)
ÒNÀ TUNTUN
(caminho fresco)

Em seguida, com as mãos fechadas, toca o chão por três vezes, dizendo:

1. ILÉ MI KÒ NÍ OLÓRÍ TÓ KÚ ÀTI PÉ IKÚ KÒ GBÉ NÍBẸ̀,
   (Minha casa não tem o dono morto nem está impregnada pela morte)

2. NÍTORÍ ARO, NÍTORÍ ẸYỌ́,
   (Por isso o sistema, por isso o jogo)

3. NÍTORÍ EYI, ỌFỌ̀ LÓ JẸ́ KA DÉ ÒPIN INÚ ỌJỌ́ TI ÒNÍ.
   (Por isso o encantamento que faz chegar ao interior do dia de hoje)

Ou outra reza:
1. OMI KÁN LẸ́ MÉTA SÓRÍ ILẸ̀
   (Caíram três gotas de água fresca na rua)
2. ṢE ILÉMI DI TUNTUN ÀTI ORÍMI DI TUNTUN
   (Tornando minha casa fresca e minha cabeça também fresca)
3. ỌKÀN TUNTUN, OMI TUNTUN, DIE NÍNÚ GBOGBO OHUN DÁRA
   (Coração fresco, água fresca, de tudo que houver, um pouco fresco)
4. ILẸ̀ TUNTUN AWO TI IKÚ TI BÀBÁ WA.
   (Terra [chão] fresca é o segredo da morte que nosso pai possui).

II – MOJÚBÀ

Em yorùbá:
1. MO JÚBÀ GBOGBO ÀGBÀIKÚ BÁTILỌ, ỌDẸ ṢE.
2. MO JÚBÀ GBOGBO ÀGBÀIKÚ BÁTILỌ, ỌDẸ ṢE.
3. MO JÚBÀ ỌLỌ́FIN, ỌLỌ́RUN.
4. MO JÚBÀ BÀBÁ, TÀBÍ, ÌYÁ TÓBI.
5. MO JÚBÀ TOKOTOLABA ÌYÁLÒRÌṢÀ ERI TOKU.
6. MO JÚBÀ GBOGBO AGBÁRA ILÉ ṢÀNGÓ = OLÚWE.
7. MO JÚBÀ ÌYÁWÒ ÒRÌṢÀ.
8. MO JÚBÀ BÀBÁLÒRÌṢÀ.
9. MO JÚBÀ ẸGBỌ́N.
10. MO JÚBÀ ÈṢÙ BARÀ, ALAKÍNÍ, ELEGÚN ALAGBARÁÀ SOKE PẸKÚN FÚN MI OṢẸ BÀBÁ MI.
11. MO JÚBÀ ÒGÚN, ÒNÍLÁ, ALAGBỌDA, ÒRÌṢÀ MI GBOGBO ALAGBARÁ NI LAIYE.
12. MO JÚBÀ ÒRÌṢÀ ỌDẸ TÍ MÚNI PA ẸRANKO LÁTI JẸ́ KÍ ỌTA SÌNÁ.
13. MO JÚBÀ ÀWỌN ÀGBÀ ODÙ.

14. MO JÚBÀ ÁWỌN ODÙ KÉKERÉ.
15. MO JÚBÀ ÀWỌN ÒRÌṢÀ.
16. MO JÚBÀ LÁTI DÚPÉ.
17. MO JÚBÀ ỌṢUN Ó DURO,
18. ÉLÉRI ÌKÍNI ÌPADÀBÒ,
19. DÚRÓ GBOINGBOIN PẸ̀LÚ IDÀ RẸ,
20. IPÀṢE ÀDÚRÀ MÉTA FÚN MI.
21. MO JÚBÀ AFORÓ IKÚ,
22. ÌBÀ AGBÁRA OMI KÁRÍ AYÉ.
23. OLYÍMIA IMEFÒ ARO.
24. ÌBÀ OLÙPÍNỌLA ÁKÓKÓ TÓ DI ASÍWÁJÚ.
25. IMAṢE ÒNÍYÈBÍYÈ E IMÁ.
26. OLÚINÁ BÀBÁ SSÀNGÓ ỌBA AIYE.
27. MO JÚBÀ ELÀ TÍ MA DÚPÉ NÍ SÁTIDÉ.
28. MO JÚBÀ, OKÉ ỌGBỌNÍLÉ.
29. ODIJU Ẹ ÒRÚNMÌLÀ.
30. MO JÚBÀ ÌBÉJÌ ÒGÁ ÀTI.
31. OLOFIN NI GBOGBO NÁÀ.
32. WÀ NILE.
33. MO JÚBÀ IYẸMỌJA ÒRÌṢÀ DUDU.
34. TI NÌ RẸ̀ WAYA ÀBÀJÀ,
35. AYABA NI OMI YỌ.
36. MO JÚBÀ ỌLỌKUN MO DÚPẸ̀,
37. FÚN GBÀ NI ỌKÀN.
38. MO JÚBÀ ÌYÁ MẸ́SÀN ỌRUN.
39. MO JÚBÀ MO ONÍLẸ̀, ATÚNÀYESE.
40. MO JÚBÀ GBOGBO AYABA IBÚ.
41. ÀTI YÀYÀ YẸSÍ.

42. MO JÚBÀ ẸLÀ, ÀGBÀ ÒRÌṢÀ.

43. MO JÚBÀ ÒRÚNMÌLÀ, ÀGBÀ ÒRÌṢÀ.

Em português:

1. Toda Morte Anciã que leva a fazer caça.
2. Meus respeitos para agradecer.
3. Meus respeitos ao Legislador, Deus Supremo.
4. Meus respeitos ao Pai, ou a Mãe Grande.
5. Meus respeitos ao Caracol secreto, Mãe de Santo, a testemunha do cadáver.
6. Meus respeitos a todo poder da casa de Ṣàngó, o Senhor adivinho das folhas.
7. Meus respeitos ao noviço.
8. Meus respeitos ao Pai que detém o segredo do Òrìṣà.
9. Meus respeitos a um irmão mais velho.
10. Meus respeitos ao poderoso Èṣù, senhor primeiro que monta no poder maior, objetivando dar-me o machado de Meu Pai.
11. Meus respeitos a Ògún, Guerreiro necessário do poder, Meu Todo-Poderoso Òrìṣà na Terra.
12. Meus respeitos ao Òrìṣà Ọdẹ, que seduz e mata o animal para desencaminhar o inimigo.
13. Meus respeitos aos Odù maiores.
14. Meus respeitos aos Odù menores.
15. Meus respeitos a todos os Òrìṣà.
16. Meus respeitos ao agradecer.
17. Meus respeitos a Òṣun que permanece de pé,
18. Testemunhando o retorno do cumprimento,
19. Permanecendo com sua costumeira espada,
20. Fez três rezas inspiradas em mim.
21. Meus respeitos à morada da oportunidade da morte,

22. Para o mundo, meus respeitos à água vital que compõe o poder.
23. E ao fortalecimento da dúvida do sistema.
24. Meus respeitos ao feitor da riqueza que é o primeiro a tomar a frente.
25. Fazendo o trovão ser fortalecido por ter o título de o primeiro a ter nascido no lugar.
26. Senhor do Fogo, Meu Pai Şàngó, Rei do Mundo.
27. Meus respeitos a Èlà que costuma agradecer aos sábados.
28. Meus respeitos aos jardins suspensos,
29. Que desencaminham os senhores, ó Èlà.
30. Meus respeitos aos gêmeos e ao chefe.
31. Purificador de todos também.
32. Que estão em casa.
33. Meus respeitos a Iyẹmọja, Òrìşà Negro.
34. Que é desposada em um celeiro de lutas,
35. Rainha das águas salgadas.
36. Meus respeitos a Ọlọkun, eu agradeço.
37. Por aceitar de coração.
38. Meus respeitos à Mãe dos Nove Universos.
39. Meus respeitos ao Senhor da Terra que remonta à Existência.
40. Meus respeitos a todas as Rainhas do Alto-Mar.
41. E veementemente admiradas.
42. Meus respeitos a Èlà, Òrìşà Ancião.
43. Meus respeitos à Òrúnmìlà, Òrìşà Ancestral.

III – ÀDÚRÀ OWÓ ẸYỌ MẸ́RÌNDÍNLÓGÚN ÀTI IGBO
(Reza para apresentar o jogo de búzios e o Igbo)

Em yorùbá:
1. KÒ SÍ IKÚ, KÒ SÍ ÀRÙN, KÒ SÍ ỌFỌ̀, KÒ SÍ Ọ̀FỌ̀.
2. KÒ SÍ ÈPÈ, KÒ SÍ AWO IKÚ LAI SÍ ÁLÁFIÁ.
3. KÒ SÍ OHUN TÓ DÉ SÍ ARIN WA.
4. ỌFỌ̀ ŃSỌ̀RỌ̀ NÍPA ẸMÍ.
5. ŃSỌ̀RỌ̀ NÍPA ỌFỌ̀ GBA ẸMÍ.

Em português:
1. Não há morte, não há doença, não há encantos, não há perdas.
2. Não há praga, não há o segredo de morrer sem saúde.
3. Não existe nada chegando entre nós.
4. Falando de vida, carregam-se os encantamentos.
5. Falando de encantamentos, aceita-se a Vida.

O santero apresenta o jogo de búzios e os instrumentos do jogo ao consulente da seguinte forma: com as mãos em concha, recheadas pelos búzios e o igbo, ele as encosta simbolicamente na cabeça, nos ombros, no peito e nos joelhos daquele para quem jogará.

"Regras para jogar os búzios"

O santero sacode os búzios entre as mãos, em concha, e lança-os sobre a esteira em que está sentado.

A quantidade de búzios que cai aberta, ou seja, com a parte limada para cima, é a que determina o Odù que pariu naquele momento.

"Colocar o IGBO"

Para usar o Igbo, o santero encosta nos búzios os elementos que o representam e os entrega ao consulente, instruindo que cada um será colocado na mão que ele quiser. Vamos usar, como exemplo, uma pedra (ọkutá) e um pedaço de cascarilha (ẹfun). Será utilizado esse recurso todas as vezes que o jogador achar necessário para obter SIM ou NÃO.

Os búzios são lançados e, conforme o número que cair aberto, o santero pedirá que o consulente abra a mão direita ou a esquerda, respectivamente, odù menores ou odù maiores, e o que determinará o SIM ou NÃO é exatamente o igbo que estará na mão que o santero pedirá que o consulente mostre, lembrando que a pedra (ọkutá) = NÃO e cascarilha (ẹfun) = SIM.

Para continuar, o consulente deverá tomar novamente o Igbo e ocultá-lo em suas mãos, tantas vezes quanto for necessário, até que todas as perguntas formuladas sejam respondidas.

De acordo com o odù que sair primeiro, pedir-se-á a mão direita ou a esquerda do consulente; para recorrer ao Igbo e receber a resposta SIM ou NÃO para a pergunta.

Pede-se que o consulente abra a mão esquerda quando os búzios abertos indicarem:
1. Os Odù maiores.
2. Os Odù Méjì.

NOTA: Em algumas caídas, segundo diversos santeros, também se pede para abrir a mão esquerda: "6-5"; "6-7"; "6-9"; "7-5"; "9-5"; "11-5"; "11-6"; e "11-9".

Pede-se que o consulente abra a mão direita quando os búzios indicarem:
1. Os Odù menores.

NOTA: Em algumas caídas, segundo diversos santeros, também se pede para abrir a mão direita: "5-6"; "5-7"; "5-11"; "7-6"; "9-12"; "11-1"; "11-3"; e "11-10".

Conforme o desenvolvimento do jogo de búzios, é regra invariável, quando sai um Odù maior primeiro, jogar-se os búzios uma vez; e, quando sai um Odù menor, duas vezes, ou seja, repete-se a jogada. Não obstante, ao jogar pela primeira vez, mesmo que o Odù de saída seja maior, jogam-se duas vezes.

Após a primeira jogada, coloca-se o igbo para pedir à mão e saber se o Odù pariu em Ire (positivo) ou se em Osobo (negativo).

A primeira pergunta feita é se está favorável para que o jogo de búzios seja realizado para aquele consulente, recorrendo ao igbo.

Se a resposta for "Ire" (SIM), segue-se então com as perguntas, aprofundando dessa forma sobre o "Ire":
– se é completo, perfeito (móyalé);
– se é incompleto, equivocado (kòtoyàlé).

Assim sendo, o santero saberá por quais caminhos o "Ire" chegará, ou se já chegou, e o que é necessário para acelerar esse processo ou para mantê-lo.

Tanto os Ire quanto os Osobo são incontáveis e na realidade eles afirmam o que os Odù trazem por meio do owó ẹyọ mẹ̀rìndìnlógún e levam o santero a aprofundar-se nos assuntos que vão surgindo durante a manipulação do oráculo.

Como o sistema de Ifá é binário, todos os Odù trazem em seu bojo o positivo e o negativo, porém, se o Odù que pariu indica um Ire completo, se porventura parir em Osobo, o santero despreza-o completamente.

Quando o Odù parar em Osobo, também se investiga por meio do Igbo a origem dele e qual o ẹbọ que deve ser realizado para eliminá-lo, se possível, ou diminuir sua intensidade. Caso recorra ao Igbo, e nenhuma resposta indique a origem do Osobo, o santero pergunta se o mal vem dos Òrìṣà (Òrìṣà Ẹkúaríbọ́?). No caso de resposta negativa, investiga se o mal é provocado por um morto (Ẽgun Ẹkúaríbọ?). Identificando a origem do Osobo, então é perguntado se o Orí do consulente irá revelar mais alguma coisa (Lọrínsẹ?); caso contrário, a pergunta aos búzios é se a própria cabeça aconselhará o consulente (Ẹlẹdá?).

Quando os Òrìṣà não respondem ou não exigem nada, o santero, baseado em sua experiência oracular, indica um ou mais ẹbọ ao consulente, que deverá ser realizado de imediato para depois retornar a fim de que um novo jogo de búzios seja realizado. No entanto, se os Òrìṣà responderem, é perguntado o que querem.

Dentro da cultura religiosa afro-cubana, o santero pode de imediato indicar que o consulente busque as respostas para o osobo que está vivenciando e o silêncio dos Òrìṣà junto a um sacerdote de Ọrúnmìlà, Bàbálàwó.

O santero realiza quantas jogadas achar necessárias para a elucidação do momento que o consulente vive.

Algumas regras usadas pelos santeros no jogo de búzios, conforme os Odù que vão saindo:

- **Ìrosùn-méjì (4-4):** quando sai logo na primeira caída, o consulente pode ser santero ou bàbálàwó com o intuito de colocar o jogo à prova;

- **Odù Orí do santero:** quando, na primeira caída, sai o Odù Orí do santero, ele imediatamente dá o direito de visão ao consulente;

- **Ògúndá-méjì (3-3):** ao sair na primeira caída, o santero deve averiguar se esse Odù quer falar para ele mesmo; sendo afirmativa a resposta, ele terá de oferendar um galo vermelho ao Òrìṣà Ògún;

- **Ògúndá-méjì (3-3):** quando esse odù sai após o primeiro jogo realizado, o santero, antes de continuar atendendo, lava os 16 búzios em uma vasilha de barro com água, que é despachada na rua. Em seguida, o santero joga os búzios atrás da porta da rua e pergunta se está Ire; se a resposta for Osobo, nesse dia ele não jogará mais, consequentemente não atenderá nenhum consulente, só o fazendo após ter realizado ẹbọ que transmutará aquela situação;

- **Ògúndá-òwọ́rín:** se a primeira jogada de búzios revela esse odù, o santero pergunta ao jogo se Ògúndá-òwọ́rín está falando para ele; em caso afirmativo, diz ao consulente que saia logo dali, pois a justiça está procurando por ele e, se o encontrar, isso provocará consequências desagradáveis;

- **Òfún-méjì (10-10):** quando sai esse odù após a primeira jogada e não marca Ire, o santero vai até a porta da rua e faz oito riscos verticais com a mistura feita com cascarilha (ẹfun) ralada, manteiga de cacau e orí. Depois dá continuidade ao jogo de búzios normalmente. Quando finalizar esse atendimento, o santero macera folhas frescas de prodigiosa e bredo branco com cascarilhas (ẹfun) raladas, lava os 16 búzios e o próprio rosto.

Relacionamos alguns Ire (positivo) e alguns Osobo (negativo) para que o leitor possa entender melhor essa linguagem tão popular em terras afro-cubanas:

Os IRÉ = sorte/positividade

Ire Àríkú	=	bem de saúde.
Ire owó	=	bem de dinheiro. Também conhecido como Iré Ajé.
Ire Iré Èwé	=	bem de jogo, loteria.
Ire Sàmmọ́ Òrìṣà	=	bem do Céu (isto é, de òrìṣà).
Ire Ẹlẹ́sẹ̀ Òrìṣà	=	sorte por parte dos òrìṣà.
Ire Ẽgun	=	sorte por meio de um morto especial.
Ire Arúgbó	=	sorte pelos anciãos.
Ire Àbúrò Tàbí Ẹ̀gbọ́n	=	sorte proporcionada pelo irmão mais novo ou mais velho.
Ire Atẹlẹ Ọwọ́ Rẹ	=	bem por sua própria mão.
Ire Ọmọ	=	sorte proveniente do filho ou da filha.
Ire Ẹlẹ́dá Orí	=	sorte pela própria cabeça.
Ire Ori Joko	=	sorte assentada em sua cabeça.
Ire Ọkùnrin Rere	=	sorte por parte de um bom homem.
Ire Ọkọ Rere	=	sorte por parte de um bom marido.
Ire Ọbìnrin Rere	=	sorte por parte de uma boa mulher.
Ire Aṣẹ́gun Òtá	=	vitória sobre os inimigos.
Ire Ṣiṣẹ́	=	sorte vinda pelo trabalho.
Ire Dedewa Tọlọ̀kun	=	sorte por meio do mar.
Ire Ará Okò	=	sorte por meio do campo.
Ire Ẹlẹ́sẹ̀ Ará Aiyé	=	bem por intermédio do outro mundo.
Ire Òkúta	=	sorte por meio de uma pedra.
Ire Lọ̀ná Lọkun Ṣétàn	=	sorte completa. Positividade total.

Os OSOBO = perdas/negatividade

Ọfọ́	=	praga, perturbação repentina, vergonha.
Àárùn	=	enfermidade.
Sàròyé, Jiyàn	=	discussão.
Ìjà	=	luta, discussão.
Àjẹ́	=	bruxaria, trabalhos feitos.
Ikú	=	morte.
Ikú Ẹlẹ́sẹ̀ Orí	=	morte pela própria cabeça.
Ikú Ẹlẹ́sẹ̀ Orìṣà	=	morte pelos Òrìṣà.
Ikú Ẹlẹ́sẹ̀ Àlejò (Òníkánkàn)	=	morte provocada por um estranho.
Ikú Àárùn Aráiyé	=	morte perpetrada por pessoa má.
Ikú Ojú Búrúkú	=	morte trazida por olho ruim.
Ọlọpa	=	problemas com a polícia.
Ìjàmbá	=	acidente, sem morte.
Ikú Oró Iro	=	morte por tragédia.
Ọ̀ràn Ìbìnújẹ́	=	local trágico.
Ọná Ruru Èpè	=	vicissitudes, transtornos, tropeços, calamidades, castigo.
Iṣẹnajo Ija	=	revolução.
Pàápáà Ikú	=	morte repentina.
Àárun Sànmọ́	=	morte trazida pelo céu.
Ikú Kíákíá	=	morte rápida.

Os 16 Odù para Jogo de Búzios

"La necesidad de predecir el futuro, de prever lo ignoto por medio de la adivinación, ha estado presente en toda la historia de la civilización desde los albores de la humanidad."

Yrmino Valdés Garriz
(*Dilogún* – Ediciones Unión, La Habana, 1997)

1) ÒKÀNRÀN (ODÙ MAIOR)

PROVÉRBIOS:
1. "O galo não põe ovos."
2. "O que se faz com a cabeça, não se faz com os pés."

SAUDAÇÃO:

Em yorùbá:

1. ÌYÁ ÀTI ÀGBÀ ALẸ́,
2. NKAN BURÚKÚ IKÚ LỌ́ ỌNÀ,
3. ỌTẸLẸ̀MÚYẸ́ NÍ ÌBẸ̀RẸ̀ AIYÉ.
4. ASỌ ÀWỌN ÀIDA, TÍ OBÁ SÍ RERE, KÒ SÍ ÌPARUN.

Em português:

1. Mãe e Senhora da Noite,
2. Um mal de morte no caminho,
3. Informante secreto. No começo do mundo
4. Informa as perdas. Se não há benefícios, não há perdas.

EM SEGUIDA, INVOCA-SE ÒKÀNRÀN:

Em yorùbá:

1. ÒKÀNRÀN, ÒKÀNRÀN ŃLÁ, Ó MÁ ṢE O!
2. ÒKÀNRÀN BARÁLODE, ARÍKÚ BÀBÁ ÒPIN PARÍ.
3. ÒKÀNRÀN, ÀKỌ́KỌ́, ÀGBÀ ÒKÀNRÀN LÓ MÁ NWA LÀKỌ́KỌ́.

Em português:

1. Òkànràn, Grande Òkànràn. Venha realizar!
2. Òkànràn. Dono do corpo de fora, mortal pai que finaliza.
3. Òkànràn, Primeiro, Senhor Òkànràn que vem primeiro.

ADVERTÊNCIA:
A rede de pescar não apanha hipopótamo.

NESTE ODÙ NASCEM:
– a palavra humana
– os trilhos
– o perdão pelas faltas cometidas

ÒRÌṢÀ QUE FALAM:
Èṣù, Olódùmarè, Ikú, Ṣàngó, Àgànjú, Ọbàtálá, Ẽgun.

SIGNIFICADO DA CAÍDA:
O oráculo recomenda que o consulente preste mais atenção às informações que estão lhe sendo transmitidas e as ouça minuciosamente. Se não estiver desenvolvendo algo ruim, não é por falta de vontade, porém será descoberto de imediato.

Caráter inconstante, inconformismo; além disso, consulente extremamente zombeteiro, desconfiado, temerário, gosta de discussão e perder não lhe é agradável.

O consulente, por ser curioso em demasia, não deve se manifestar se escutar algum barulho, vozerio ou presenciar um escândalo, pois pode ser prejudicial para ele e fazer sofrer outra pessoa, envergonhando-a com consequências graves.

O consulente incrédulo não acredita nos Òrìṣà. Não aceita que lhe digam nada sobre sua vida e, se por insistência lhe dizem, finge que não lhe foi dito.

O consulente apresenta atraso em seus conceitos de vida, atravessa situação difícil, os projetos que esperava realizar não tiveram êxito. Emagreceu tanto que suas roupas não lhe servem mais. Todas as pessoas que o consulente, em algum momento, serviu, ajudou ou tirou de situação difícil hoje lhe dão as costas, inclusive sua família. Completamente intranquilo, tanto que, em certos momentos, pensa em dar fim à sua vida.

Alternância de humor, às vezes caminha, desesperadamente, até a exaustão, porém na maioria das vezes prefere a solidão; enfim, tudo e todos o incomodam.

Danos na vida do consulente, provocados por uma pessoa que fala muito mal dele.

O inimigo de hoje foi, no passado, seu melhor amigo. A situação do consulente é tão negativa que nada o ajudará a desvencilhar-se dela.

Diante de discussões, deve manter-se calado e não insistir em seus propósitos, mesmo que sejam para defendê-lo; agindo assim, evitará mais problemas. Se for viajar, precatar-se, pois fatos imprevistos poderão ocorrer.

Essa caída marca que, se não houver ninguém doente na casa do consulente, logo haverá e deve ser encaminhado, imediatamente, a um especialista. Sem as devidas providências, poderá ocorrer o óbito dessa pessoa.

O consulente corre risco de perder uma criança; passar por um susto muito grande, pois em sua porta a justiça baterá; será mordido por um cão.

Não deve portar qualquer tipo de arma letal nem ficar fora de casa até altas horas, pois no momento osobo em que vive pode ser confundido pela polícia e ser preso ou ferido. Algo foi roubado da casa do consulente. Às vezes se confunde, pois tem visões mediúnicas negativas que lhe provocam verdadeiro pânico.

Observação:

Quando parir esse Odù, colocar os búzios em um prato com água e, pouco tempo depois, retirá-los e lançá-los ao chão, pisá-los por três vezes com o pé esquerdo, movendo-os de um lado para outro, e cobri-los com um prato. Se houver uma virgem presente, ela recolhe os búzios do chão.

Verificar por meio do Igbo por qual caminho esse Odù veio, ou seja, se Ire ou Osobo; sendo este último, investigar se há perigo de morte (Ikú) ou acidente (Ìjàmbá), se esse augúrio é recente e não é tão grave (Ònà Rúrú Èpè).

Assim, quando o santero obtiver a resposta, deve untar um pedaço de carne bovina crua com óleo de dendê (Epo Pupa), mostrá-lo às pessoas que se encontram no local e, simbolicamente, encostá-lo no consulente, na altura da testa (Agbárí), lado direito e esquerdo, nos ombros (Èjiká), nas palmas das mãos (ọwọ́), nos joelhos (Kún) e no dedão do pé direito (Ìka Ọ̀tún). Após esse ritual, despachar a carne na rua objetivando suavizar, dessa forma, as dificuldades detectadas pelos Odù, pois se acredita que a carne será comida por um cachorro, por ser tido como agente de Èṣù.

RECOMENDAÇÃO DE IFÁ:

Oferendar o Òrìṣà Olorí (dono da cabeça).

Quando pessoas chegarem à casa do consulente e contarem algo ruim em relação a ele, deve aspergir, por três vezes, água no chão e tomar um pouco dessa água também. Em hipótese nenhuma deve brincar agressivamente, ou amaldiçoar alguém ou um local. Oferendar Ẽgun, dar comida à porta da casa, a Èṣù e Ṣàngó.

ẸBỌ DO ODÙ ỌKÀNRÀN:

Finalidade: Limpar o caminho, eliminar perigo de situações desagradáveis e atrair coisas boas.

Material necessário:

- **Primeiro Ẹbọ**
  – um galo (akukọ́)
  – duas pombas (ẹyẹlé)
  – uma galinha-d'angola (ẹtú)
  – dois ẹkọ́ (àkàsà)
  – mel de abelhas (oyin)
  – milho vermelho torrado (àgbàdo sísun)
  – peixe defumado (ẹja)
  – cotia defumada (ẹkún)
  – carne de boi (ẹran malu akọ́)
  – dois cocos secos (àgbọn)
  – inhame (iṣu)

- **Segundo Ẹbọ**
  – três peixes frescos (ẹja tutu)
  – três carretéis de linha de cores diferentes (igiti ka owo we okún àwò oriṣiriṣi)
  – três inhames (iṣu)
  – milho branco (àgbàdo funfun)
  – cinzas (eru)
  – três charutos (ṣàrotú)
  – uma tigela (bumọ)
  – terra da residência (ilẹ̀kun ilé)

Observação: Se o jogo não indicar nenhum desses ẹbọ, então se precede o ẹbọ lọná com um animal quadrúpede: cotia (ẹkun), cabrito (obukọ), carneiro (agbo) ou outro, conforme recomendação oracular.

REFLEXÕES DO ODÙ ỌKÀNRÀN

Em yorùbá:
1. ẸJẸ̀ KÒ NÍ JÁDE PẸ̀LÚ ẸNU, IMÚ TÀBÍ ETÍ.
2. KI ṢE ÌWỌ NI KÒ GBỌ́N,
3. IKÚ WÀ NÍ ÌDÁDÚRÓ.
4. PÀDÁNÙ OHUN GBOGBO.

Em português:
1. Não vá perder sangue pela boca, pelo nariz ou pelo ânus.
2. Não vá você perder a cabeça,
3. o morto está parado.
4. Quem tudo quer, tudo perde.

LENDA DO ODÙ ỌKÀNRÀN

1. "Báyàmọ́, o incrédulo."

Báyàmọ́ era completamente descrente do poder dos Òrìṣà. Certo dia Báyàmọ́ foi até uma casa de culto com o firme propósito de provar que não existia Òrìṣà nenhum. Ao chegar ao local, deparou-se com Ṣàngó, incorporado em um ọmọ, que lhe disse que ele não estava onde Báyàmọ gostaria realmente de estar. Báyàmọ́ retrucou dizendo que ele não era tolo e que estava onde queria estar, e em tom desafiante perguntou a Ṣàngó quantas pessoas estavam, naquele momento, no local. Ṣàngó afirmou que eram 18 pessoas, porém somente 16 falavam e enxergavam. Báyàmọ́ pediu que Ṣàngó provasse; então, o poderoso Deus do Trovão lançou 18 moedas na direção da rua, e nesse instante 16 pessoas saíram da casa e pegaram o mesmo número de moedas.

Báyàmọ́, ao ver que as outras duas pessoas não tinham sequer esboçado reação de pegar as moedas, certificou-se de que o Òrìṣà sabia muito mais do que ele e então, muito envergonhado, prosternou-se diante daquele a quem passou a devocionar-se.

2. "Mọ́nàmọ́ná assina sua própria sentença."

Mọ́nàmọ́ná não era uma má pessoa nem tinha sentimentos ruins, porém, em virtude de certos aspectos de seu caráter, estava sempre discutindo por qualquer motivo e tinha prazer em contrariar a todos.

Vivia em uma pequena aldeia, onde reinava um Ọba muito exigente que, por causa dos problemas causados por Mọ́nàmọ́ná, obrigou-o a deixar a localidade. Quando Mọ́nàmọ́ná estava saindo da aldeia, encontrou um amigo que lhe perguntou por que o Ọba havia lhe expulsado da aldeia. Mọ́nàmọ́ná explicou ao amigo que ele sempre agradava uns, era considerado bom, no entanto para outros era desagradável e mau e por esse comportamento é que tinha sido expulso. O amigo recomendou que Mọ́nàmọ́ná fizesse um pedido ao Ọba, pois era determinação sua que todos fizessem pedidos; caso alguém o contrariasse, seria penalizado com a morte. Mọ́nàmọ́ná, do alto de sua intransigência, disse ao amigo que não tinha feito nem faria pedido algum, e seguiria andando.

Mọ́nàmọ́ná continuou sua caminhada, quando na saída do portão da aldeia se deparou com os guardas do Ọba que o prenderam como traidor e o levaram à presença do Ọba, que sentenciou que ficaria para sempre na prisão. Mọ́nàmọ́ná morreu de tanta tristeza e arrependimento por seu comportamento intransigente.

2) ÈJÌ OKÒ (ODÙ MAIOR)

PROVÉRBIOS:
1. "Quem nasce barrigudo, mesmo que enfaixem, tem barriga."
2. "Quando Ikú está faminto, não é seletivo."

SAUDAÇÃO:
1. ÀKÓKÓ ÌDOJÚKỌ WÁ LÁTI INÚ AIYÉ MI.
2. KÚ LỌNÀ FOPIN SÍ IṢẸ́ ÒTÍTÓ,
3. KI AGBÁRA LÁTI GBA KÍKỌ́ JẸ́ MÍMỌ́.

Em português:
1. O primeiro confronto vem de minha vida.
2. Morte no caminho acabando com o trabalho honesto,
3. e que o poder da aceitação de aprender seja limpo.

ADVERTÊNCIA:
Nós somos compostos de vida e morte.

NESTE ODÙ NASCEM:

- a morte
- o corpo do rinoceronte
- os animais de pelo e plumas que andam à noite
- as pinturas
- as tintas

ÒRÌṢÀ QUE FALAM:

Ìbèjì, Ọdẹ, Èṣù, Ọbàtálá, Ṣàngó, Ògún.

SIGNIFICADO DA CAÍDA:

O consulente encontra-se em péssima situação generalizada, oriunda de seu caráter caprichoso e por não aceitar os conselhos que lhe são dados. Não deve fazer mal a ninguém.

Pessoa extremamente maledicente. Se algo ou alguém incomoda o consulente, imediatamente ele destrói. Está tão perturbado que fala sozinho. Aluguel ou prestação da casa em que mora está atrasado. Cabeça dói muito e em certos momentos parece que está pegando fogo. Na casa do consulente falta comida e há uma criança que chora muito sem motivo aparente, principalmente à noite. Uma pessoa que mora na casa e não é parente vê com frequência a figura de um adolescente.

O consulente passa por grandes dificuldades, mas em sua casa tem algo que poderia lhe aliviar a situação financeira.

Por se achar muito forte, acredita que vencerá o inimigo com facilidade e também não deve ameaçar nem levantar a mão para ninguém.

Organismo enfraquecido, mesmo que não aparente, deve evitar correntes de ar que podem provocar debilidade ainda maior, além de ter problemas nos pés, no abdome; pode sofrer algum tipo de paralisia. Evitar comer e beber em locais que não conhece. Não deve, por enquanto, entrar em locais subterrâneos, cavernas ou escavações. Vítima de inveja, portanto, o consulente não deve exaltar seus conhecimentos.

O consulente não se interessa pelo campo, mas se interessará acreditando que ficará muito bem; porém, terá de fazer ẹbọ para chegar ao local, pois, se não fizer, poderá se envolver em problemas judiciais que não permitirão que desfrute das coisas boas que se anunciam. Se esse local é da família, pode ser que algum familiar o calunie e isso o levará a um certo desconforto diante de sua família.

Òrìṣà Olórí reclama oferendas; mesmo que o consulente rejeite a ideia, mais cedo ou mais tarde se iniciará no culto ao seu Òrìṣà Orí.

Caso o consulente tenha ìlẹ̀kẹ̀ (fios de conta), deve lavá-los com omiẹro (água do segredo). Se não os tiver, deve recebê-los.

Embora o consulente esteja em osobo, à medida que forem sendo cumpridas as recomendações de Ifá, a vida melhorará totalmente.

Observação: Quando esse odù para no jogo de búzios, o santero levanta-se, roda no mesmo lugar e volta a sentar-se.

RECOMENDAÇÃO DE IFÁ:

Oferecer um frango à Èṣù Oná, frutas à Ìbèjì e colocar comida da casa do consulente em uma encruzilhada próxima a esta.

ẸBỌ ÈJÌ ÒKÒ:

Finalidade: Limpar o consulente de influências de energias negativas, abrir caminho, cortar situação financeira difícil.

Material necessário:

- **Primeiro Ẹbọ**
  – um galo vermelho (akukọ́ púpà)
  – duas pombas (ẹiyẹlẹ funfun)
  – um ẹkọ́ (àkàsà)
  – uma cadeira pequena (àga kékéré)

- **Segundo Ẹbọ**
  – dois pombos cinza (ẹiyẹlẹ àwọ eeru)
  – dois cocos secos (âgbọ̀n)
  – dois ovos de galinha (ẹyin)
  – óleo de dendê (epò pupa)
  – quiabos (Ilá)
  – cotia defumada (ẹkun ẹfun)

REFLEXÕES DO ODÙ ÈJÌ ÒKÒ:

Em yorùbá:
1. ÌPÀDÀNÚ GBOGBO LÁTI ÒDÒ ÒRÌṢÀ.
2. OBA LÓ FẸ́ BÀJÀ PẸ̀LÚ WÀHÁLÀ.
3. ENI TABÍ LÁTI SORÍ RE, A KÒ GBỌDÒ DA LÉJÓ
4. RÒGBÒ DÌYÀN NÍLÉ TÀBÍ ÀDÚGBÀ FA ÌKỌLẸ́ṢẸ̀.

Em português:
1. Perda total por determinação do Òrìṣà
2. Querem destronar, por meio da violência, o Rei amado.
3. Quem nasce para ser feliz, não deve se deixar subjugar.
4. Confusão na casa da pessoa ou tropeçará na rua.

LENDA ODÙ ÈJÌ ÒKÒ:

1. *"A dignidade de Akínluyì"*

Akínluyì andava com problemas de saúde que o impediam de trabalhar, o que abalava sua situação financeira. Diante disso, resolveu ir para o campo, pois acreditava que recuperaria, com mais facilidade, sua saúde e voltaria a trabalhar. Assim aconteceu: depois de recuperar-se rapidamente, conseguiu trabalho em uma fazenda, cujo dono era extremamente desconfiado, tanto que sempre pensava que seus empregados o roubavam.

Akínluyì, certa noite, após um dia exaustivo de trabalho, resolveu fazer um pedido ao seu Òrìṣà Qlọ́rí: escreveu tudo o que queria realizar em um pedaço de papel e o enterrou no meio da plantação, porém o fazendeiro, que o vigiava noite e dia por ser seu mais novo empregado, presenciou o ato de Akínluyì e, paranoico como era, logo pensou que o pobre homem enterrara o que havia lhe roubado. O fazendeiro chamou seus capatazes e mandou que prendessem Akínluyì e o levassem à presença do Ọba da localidade. Quando Akínluyì contou ao Ọba o que de fato havia enterrado, este mandou que um de seus guardas fosse ao local e desenterrasse o que encontrasse e trouxesse à sua presença. Ao voltar à presença do Ọba, o guarda trouxe o papel que Akínluyì havia, de fato, enterrado. Diante da prova da inocência de Akínluyì, o Ọba condenou o fazendeiro a pedir desculpas e pagar uma vultosa quantia ao trabalhador.

O fazendeiro arrependeu-se de suas atitudes e nunca mais acusou ninguém de roubo.

2. *"Ìbèjì salva Èjìokò"*

Èjìokò e Ire eram amigos desde a infância, mas tinham temperamentos diferentes: um era impulsivo e desobediente, enquanto o outro era calmo e tranquilo, respectivamente.

Ire aconselhava o amigo, porém este acreditava que Ire queria mostrar que sabia mais do que ele. Ire, vendo que a vida de Èjìokò estava cada vez pior, foi à casa de Ọrúnmìlà e pediu-lhe que desse conselhos a Èjìokò. O grande sábio atendeu o pedido de Ire e mandou chamar Èjìokò à sua presença. Embora relutante, Èjìokò foi até a casa de Ọrúnmìlà, que o advertiu para não olhar para trás, mesmo que fosse chamado pelo nome. Èjìokò achou uma bobagem a advertência de Ọrúnmìlà e foi embora para sua casa. No caminho ouviu, nitidamente, chamarem-no bem alto. Quando ia olhar para trás, Ìbèjì, que estava ao lado dele, não o deixou virar-se. Dessa forma Ìbèjì salvou Èjìokò de cair em uma armadilha que provocaria sua morte.

3) ẸTA ÒGÚNDÀ (ODÙ MAIOR)

PROVÉRBIOS:
1. "Por mais que o rio corra, morre no mar."
2. "O céu é imenso, porém nele não cresce erva."

SAUDAÇÃO:

Em yorùbá:

1. ẸTÀ ÒGÚNDÀ OLÓFÙFÉ ÀGBÁYÉ, TI INÚ AFẸ́FẸ́,
2. SÍ ÒRÓRÓ ÒSUN, NGBÉ AYÉ.

Em português:

1. Ẹtà Ògúndà querido do mundo, ao ar livre,
2. Nas perdas do jarro do óleo de Òsun que cultua a vida.

ADVERTÊNCIA:

Saber esperar é sabedoria.

NESTE ODÙ NASCEM:
– a cirurgia
– a ereção peniana
– a ciência da guerra

ÒRÌṢÀ QUE FALAM:

Ògún, Èṣù, Ṣàngó, Ọdẹ́, Ọbàtálá, Ọbalúaiyé, Ìbèjì, Ẽgun.

SIGNIFICADO DA CAÍDA:

Discussão entre familiares, morto da família está "de pé". O consulente pensa em atacar uma pessoa com arma (ìbọn), porém deve evitar, pois a pessoa está em litígio com o Òrìṣà Ògún e talvez não tenha tempo para defender-se. Alterações de humor. Pessoa muito tensa e assustada. Receberá visita de um militar. Três inimigos (ọ̀tá) querem fazer mal ao consulente e um deles é muito forte (ju lọ lilé). Ọbàtálá de costas para o consulente por causa do costume de blasfemar. Vítima de falatório com o intuito de jogar os amigos contra ele, caso chegue aos ouvidos do consulente qualquer tipo de intriga (èpè), ele não deve dar atenção.

O perigo ronda o consulente o tempo todo e qualquer descuido pode resultar em ser ferido ou morto, tanto que nesse momento deve ter cuidado redobrado para não provocar ferimentos em alguém com derramamento de sangue (ẹjẹ), por engano.

Uma mulher morena odeia e inveja o consulente, além do mais acompanha todos os seus passos e não quer que ele se sobressaia. Deve manter-se em permanente estado de alerta.

No caso de o consulente ser do sexo feminino e casado, há possibilidades de o cônjuge ter graves problemas motivados por intriga que o levarão a ser suspeito de algo muito sério no local de trabalho, a ponto de tornar-se descuidado com a casa, com ela e com o que está ao seu redor.

Se o consulente pensa em fazer ou já fez algo de ruim, corre risco de ser descoberto e ter problemas judiciais.

O que aparentemente perdeu ou perderá, retornará de repente, e o que hoje é pranto será transformado em riso e alegria.

Deve evitar ir a locais perigosos e corre risco de acidentes manejando máquinas.

O consulente tem pressentimento de que será atingido por arma perfurocortante, tem de tomar precauções a fim de evitar. Nesse momento não deve entrar nem viajar em trem. Evitar brigas, principalmente com sua mulher, pois podem culminar em agressões físicas.

Receberá convite para uma festa; só o aceite se seu coração quiser. Caso contrário, se for, terá muitos problemas.

Tem de ser cuidadoso, pois querem acusar o consulente de ladrão. Armam para prendê-lo a um inimigo, não permita (májẹ́kí).

O consulente sente dores nos rins (ìwè) e no abdome e problemas no estômago (emu) o acometem.

Ifá recomenda que o consulente não feche nenhum negócio sem antes se inteirar de uma proposta que uma pessoa lhe fará e que é muito boa.

Evitar, nesse período, parar em confluência de ruas, sentar-se à porta de casa ou ficar de costas para a rua, pois está sujeito a sofrer um acidente. O consulente, também, deve evitar saltar valas e montar a cavalo; não andar em grupos, não beber nada alcoólico nem portar armas de qualquer espécie.

Toda atenção é pouca nesse momento que o consulente atravessa.

RECOMENDAÇÃO DE IFÁ:

Devocionar-se ao Òrìṣà Ọṣún, oferendar Èṣù e Ọbàtálá.

ẸBỌ DO ODÙ ẸTÀ ÒGÚNDÀ

Finalidade: Eliminar caminho de brigas, acidentes, intrigas, suspeitas e tornar a situação em Ire.

Material necessário:

- **Primeiro Ẹbọ**
    - peixe fresco (ẹja tútú)
    - cotia (ẹkún)
    - lençol branco (àlà funfun)
    - bolinho de milho (òlèlè)
    - pombo branco (ẹiyẹlé funfun)
    - coco (àgbọ̀n)
    - charuto (ṣàrotú)
    - galo vermelho (àkùkọ́ púpà)

- **Segundo Ẹbọ**
    - um galo branco (àkùkọ́ funfun)
    - três peixes frescos (ẹja tútú)
    - água fresca (omi tútú)
    - três martelos (gbanjo)
    - três correntes (ìṣàn odò)
    - milho (àgbàdo)

- ẹkọ́ (àkàsà)
- óleo de dendê (epò púpà)
- uma navalha (ọ̀bẹ farin)

REFLEXÕES DO ODÙ ẸTÁ ÒGÚNDÀ

Em yorùbá:
1. KAMÁ JIYÀN ÒRÒ MO NÍTORÍ PE PẸ̀LÚ AHÁN LA MA NSÉRÉ.
2. IKÚ TI DÚRÓ, ÀRÍYÀN LARIN EBÍ.
3. OHUN TAMỌ̀ A KI BÈRÈ.
4. ỌLÓFIN ṢE ÌPINYÀ ÌYÀTỌ̀.

Em português:
1. Não discuta mais, pois é com a língua que se faz o jogo.
2. O morto está parado e provoca discussão em família.
3. O que se sabe não se pergunta.
4. Olodumare faz a diferença.

LENDA DO ODÙ ETÀ ÒGÚNDÀ:

1. "Ẹlẹ́rù é traído por seu melhor amigo"

    Ẹlẹ́rù (Senhor do Carrego) era um homem que tinha muitos inimigos, em decorrência de seu caráter despótico, arrogante e soberbo. Maltratava as pessoas que o rodeavam. Certo dia, procurou Òrúnmìlà e este recomendou que Ẹlẹ́rù fizesse uma oferenda a Ọbàtálá acompanhada de um pedido de perdão por causa de seu péssimo comportamento, e o alertou, ainda, de que corria risco de ser morto por aqueles que tratava muito mal.

    Ẹlẹ́rù, insubordinadamente, não seguiu as recomendações do Deus do Destino e teve de fugir de sua cidade às pressas e levou consigo seu cachorro (aja), fiel escudeiro. Achou que se fosse para as montanhas ficaria difícil para seus perseguidores o encontrarem. Ẹlẹ́rù, ao chegar ao local, encontrou uma caverna muito pequena, mas com algum esforço nela se escondeu, porém não se preocupou em esconder seu cachorro.

Ao sentir-se abandonado, o cachorro voltou à cidade e foi muito bem tratado pelos inimigos de Ẹlẹ́rù. Depois de se fartar, o cachorro voltou para a montanha e os inimigos de Ẹlẹ́rù o seguiram até a caverna onde o Senhor do Carrego se escondia. Violentamente o tiraram da caverna e o mataram impiedosamente. Quanto ao cachorro, voltou para a cidade onde todos o tratavam muito bem, não lhe faltava comida nem guarida.

2. "A esperteza do peixe"

Owólabí gostava de, nas horas vagas, ir pescar no Rio Òṣogbo. Em uma quinta-feira, resolveu ir bem cedo ao rio para pescar e ao mesmo tempo descansar. Ao chegar a um determinado ponto do rio, encontrou-se com outro pescador que já fazia algum tempo que lançara sua rede de pesca. Owólabí lançou sua rede e em pouquíssimo tempo fisgou um peixe, porém o pescador que ali já estava reclamou que tinha direito ao peixe, pois chegara antes de Owólabí. Discutiram... discutiram e continuaram a discutir, enquanto isso o peixe, sabiamente, escapou da rede, voltando ao seu hábitat natural.

4) ÌRỌ̀SÙN (ODÙ MAIOR)

PROVÉRBIOS:

1. "O cachorro, embora tenha quatro patas, segue somente um caminho."
2. "O fogo se apaga, porém o vermelho da pena do pássaro não se apaga nunca."

SAUDAÇÃO:

Em yorùbá:
1. ÌROSÙN ÌYÁLÒRÌṢÀ TÓ TA ABẸ̀BẸ̀ ORÓ.
2. LẸ́NU ÀGBÒ KÒ SÍ INÁ ỌFỌ̀, NÍBI TÍ KÒSÍ ÀROYE,
3. ÒFỌ̀ IKÙ MÚ KÍ ÌYÁ RỌ̀ MÓ ỌMỌKÙNRIN FÚN ẸRÍ,
4. KÓ SÍ OHUN TÓ PAMỌ́ LÁBẸ́ Ọ́RUN.

Em português:
1. Ìròsùn, Mãe de Santo que porta leque delicado.
2. Da boca do carneiro sem fogo do encantamento, onde não há lamento,
3. do encantamento da morte, a Mãe se apoia na evidência do filho,
4. do filho celestial que não aquecerá a entrada da casa do poder.

ADVERTÊNCIA:
Sem obstáculos, não há êxito.

NESTE ODÙ NASCEM:
– a ideia
– a humildade
– a cor bordô do vinho
– o ocaso pessoal

ÒRÌṢÀ QUE FALAM:
Ọlọkun, Ìyéwá, Sàngó, Ọdẹ, Òrúnmìlà, Ìbèjì, Iyẹmọja, Ògùn, Ọbàtálá, Náná.

SIGNIFICADO DA CAÍDA:
O consulente não deve olhar para o que não lhe importa. É crédulo no poder dos Òrìṣà e nobre, porém gosta de fazer apenas o que gosta e quer. Curioso por excelência. Sonha com frequência com uma criança e com o mar, porém teve um sonho em que ficava muito aflito; aliás, seus sonhos, de um modo geral, sufocam. Choro frequente, pois relembra de momentos muito ruins que viveu.

Na casa do consulente há uma mulher de caráter duvidoso, porém muito alegre, cujo Òrìṣà Ọlọrí é Ṣàngó. Aja discretamente diante dessa mulher, pois ela fala demais. Há, também, outra pessoa de caráter ilibado que sofre junto com o consulente, pois se preocupa demais com ele.

Na casa do consulente há uma terceira pessoa que provoca intrigas, desconforto, graças exatamente à sua forma estúpida de conduzir-se na vida; e mais, Òrìṣà Ọlọrí marca iniciação no culto, podendo ser do próprio consulente.

Receberá a visita de alguém que apresentará uma coisa, mas suas intenções são outras.

Dentre as amizades do consulente, encontra-se uma mulher que alimenta maus pensamentos, calunia, gosta de brigas e de saber da vida dos outros e não favorece ninguém, portanto não deve ser dada importância exagerada a essa pessoa, pois poderá haver comprometimentos.

No rol de inimigos do consulente há um que é negro e já esteve ou será preso. Um membro familiar está preso e o consulente irá, legalmente, soltá-lo.

Esse Odù marca que a pessoa tem alternância financeira: em um dia pode ter muito dinheiro e no outro não ter nenhum, porém sempre proverá.

Por diversas vezes testemunhará sua própria sorte, porém deve manter seus projetos em segredo. Deve evitar andar por terrenos baldios, porém, se for absolutamente necessário, em seguida limpar-se astralmente. Iròsùn proíbe que seu ọmọ ou pessoa que o está vivendo circunstancialmente se alimente com cereais ou qualquer tipo de víscera animal, chupe ou triture cabeça ou ossos de qualquer animal.

Se alguém o ajudou fornecendo-lhe alimentos, não retribua falando mal dessa pessoa, agradeça-a. Evite saltar valas ou cordas nem entre em covas. Mantenha a casa limpa e ventilada, roupas penduradas somente pelo tempo necessário e, em hipótese nenhuma, amontoe roupas molhadas.

Parente muito doente, podendo ocorrer óbito. Para evitar esse final, deve recorrer aos Òrìṣà. Os Òrìṣà Ọbalúaiyé e Ọbàtálá o protegem muito.

O consulente não deve entrar em locais que estejam vazios, alguém deve entrar antes. Corre risco de se queimar, até mesmo com uma vela.

Um bàbáláwó ou uma ìyálòrìṣà (santero/a) visitará o consulente e lhe informará que deve reverenciar os Òrìṣà.

O consulente poderá se envolver com a justiça, por causa de alguns papéis.

Adquirirá algo por sucessão ou terá direito a uma herança.

RECOMENDAÇÃO DE IFÁ:

Procurar um oftalmologista para o problema que está tendo nos olhos.

A dívida com Ọbalúaiyé deve ser paga o mais rápido possível. Enquanto isso, deve vestir-se de branco. Oferendar Onílẹ̀ e Ìbèjì com pombos. Reverenciar Ọbàtálá e tratar Iyẹmọja, Èṣù e Ìyéwà conforme os desígnios de Ifá.

ẸBỌ DO ODÙ ÌRỌSÙN:

Finalidade: Reverter as situações ruins da vida do consulente para que ele tenha caminhos abertos para as coisas boas que a vida pode lhe proporcionar.

Material necessário:

- **Primeiro Ẹbọ**
  - uma flecha (akasi)
  - um cajado (ọ̀pá)
  - três pedras (òkúta)
  - uma comida frita (sísun) na manteiga (bọ́tà)
  - uma preá
  - peixe (ẹja)
  - tecido branco (asọ̀ funfun)

- **Segundo Ẹbọ**
  - dois galos vermelhos (àkùkọ́ púpà)
  - quatro saquinhos brancos (apo funfun)
  - uma preá
  - quatro peixes (ẹja)
  - quatro ẹkọ (àkàsà)
  - tecido vermelho (asọ́ pupa)

REFLEXÕES DO ODÙ ÌRỌSÙN:

Em yorùbá:
1. OKÙNRIN KAN ṢOSO GBA ÌLÚ LÀ.
2. IKÚ ŃRÀDÀBA KÁ KIRI.
3. A BI LÁTI ṢE OLÓRI SÙGBỌ́N KO JE OLÓRÍ.
4. OJÚ WÀ LÁRA RE, SỌ́RA O OMOBÌNRIN.

Em português:
1. Um homem sozinho salva uma cidade.
2. Um morto procura alguém para se agarrar.
3. E mais um que nasceu para liderar, mas não lidera.
4. Olhos bem abertos, não é sua irmã mais nova.

LENDA DO ODÙ ÌRÒSÙN:

1. "Falsos amigos"

   Ọláṣení foi enviado por um Ọba para governar uma cidade e, para fazer parte de seu governo, escolheu seus melhores amigos. Porém, durante a viagem, Ọláṣení foi morto covardemente por eles, em razão da inveja que os dominou.

2. "O banquete na casa de Ṣọbandé"

   Ṣọbandé morava em uma aldeia muito grande e populosa, falava com todos os seus vizinhos, porém desconfiava que alguns deles não eram amigos leais e decidiu testá-los. Resolveu oferecer um banquete a todos os aldeões e serviu as piores comidas e bebidas que existiam. Todos, indistintamente, comeram e beberam sem esboçar nenhum desgosto, porém alguns, ao se retirarem, falaram mal de Ṣọbandé por ter servido comidas e bebidas de gosto duvidoso, embora tenham comido e bebido muito e aproveitado bastante a hospitalidade do aldeão.

   Ṣọbandé, ao tomar conhecimento dos comentários desairosos desse grupo de pessoas, teve certeza absoluta de que não eram amigos, pois os demais convidados do banquete, embora não estivessem obviamente satisfeitos com o que lhes foi servido, por serem de fato amigos leais de Ṣọbandé, nada falaram de mal das comidas e das bebidas.

5) ÒṢÉ (ODÙ MENOR)

PROVÉRBIOS:

1) "Quem espera pela morte, é melhor se sentar."
2) "A amora é visível a todos."

SAUDAÇÃO:

Em yorùbá:
1) ÒṢÉ PÈLÈ PÈLÈ ÒṢÉ Ẹ KÁ BÒ,
2) OKÙNRIN MA LÙ ILÙ PẸ̀LÚ AGBÁRA PẸ̀LÚ ÌṢ'ỌRỌ DÚNDÙN.

3) OKÙNRIN LÙ ILÙ PẸ̀LÚ IṢ'ORỌ FÚN ÀSÌKÒ AYÉ,
4) ÀWỌN ABẹ́ỌKÚTÁ LO MA NLO ÌKÓDIDE.

Em português:
1) Òṣé, calmamente, Òṣé, você é bem-vindo,
2) homem que toca o tambor com muita força e sonoridade.
3) Ele toca para os tempos difíceis da Terra,
4) de todos de Abéọ̀kúta que portam a pena vermelha de Odíde.

ADVERTÊNCIA:
Nem tudo que reluz é ouro.

NESTE ODÙ NASCEM:
— os ovos
— os instrumentos musicais de corda
— as articulações
— o marfim

ÒRÌṢÀ QUE FALAM:
Ọ̀ṣun, Èṣù, Ọ̀rúnmìlà, Ọbàtálá, Ògún e Ọlọ́kun.

SIGNIFICADO DA CAÍDA:
A sorte já foi companheira perene do consulente, hoje tudo perdeu.

Ọ̀ṣun diz que a cabeça do consulente é dela e que os problemas por ele vivenciados tinham de acontecer, e é o próprio Òrìṣà que vai eliminar as dificuldades e as coisas ruins que o rodeiam. Sua língua lhe traz sorte e também desgraça ao mesmo tempo. Aparenta felicidade, porém chora demais. Muitas coisas são feitas para o consulente; como não vê resultados imediatos, pensa que foi enganado, mas não é verdade.

Uma pessoa negra e o consulente tiveram ou terão problema sério, a situação continua ou ficará quente entre os dois.

Se o consulente for mulher, tem cabeça dura; apaixona-se com facilidade, deixa-se enredar pelos amores. É casada, mas o marido não é dela. Ainda não encontrou o verdadeiro companheiro, por isso não gosta do que tem, mas encontrará aquele a quem amará profundamente.

Uma mulher que se mostra amiga, na realidade, tem muita inveja do que o consulente tem e quer lhe fazer mal, a fim de que enlouqueça ou passe a se embriagar.

No caso de consulente homem, está doente, com problemas de ordem sexual, tanto que esse segmento está bastante prejudicado.

Algo mantido em segredo teme que seja revelado.

Evitar comer cabeças de animal, ovos e alimentos requentados. Não deve guardar rancor de ninguém. Fará uma viagem, porém antes deve oferendar ao Òrìṣà. Caminho dentro do culto a Ọrúnmìlà. Mudará de residência por três vezes, só que na última deverá realizar uma festa em louvor a Ọ̀ṣun.

Deve dar graças a Iyẹmọja por ter tirado o consulente de um grande problema. Em caso de doença grave, deve receber o Ajọbọ Ọṣun. Problemas nas pernas, dores ou cãibras, sangue com alterações e problemas estomacais, se não estão acontecendo, com certeza acontecerão.

Algo foi dado para o consulente guardar, que não deve mexer em hipótese nenhuma, pois poderá trazer problemas sérios e fazê-lo assumir um grande compromisso.

Precisa lavar a cabeça com omiẹro, porém, antes, deve banhar-se com o mesmo omiẹrọ para atrair sorte e dinheiro.

Cuidar da chave de casa, não a deixando à mostra. Há sempre algum tipo de falatório sobre o consulente.

RECOMENDAÇÕES DE IFÁ:

Iniciação no culto a Ọ̀ṣun ou outro Òrìṣà.

É imperioso fazer culto ao Òrìṣà Ọṣun.

Oferendar uma cabra amarela (ewúré àwọ̀ pupa rúsúrúsú). Sempre que puder, vestir-se de branco. Enterrar na porta da casa uma faca (ọ̀bé) ou um cravo de via férrea. Limpar a residência, pelo período de cinco dias consecutivos, com água fresca (omi tútù), cinco claras de ovos (ẹyín) e mel de abelhas (ọyin) e três cocos secos (àgbọ́n).

ẸBỌ DO ODÙ ÒṢÉ

Finalidade: Eliminar caminho de doenças, fofocas, aproximar-se mais do Òrìṣà, cortar o mal que possa se instalar na vida da pessoa e atrair sorte.

Material necessário:

- **Primeiro Ẹbọ**
  - cinco peixes frescos (ẹja tútù)
  - cinco galinhas amarelas (adiẹ àwọ̀ púpà rúsurùsu)

- cinco pombos brancos (ẹiyẹlẹ funfun)
- cinco cabaças pequenas (igba kékeré)
- cinco penas de odidẹ (ikódíde)
- cinco porções de amendoins (epa)

• **Segundo Ẹbọ**
- cinco pedaços de cascarilha (ẹfun)
- cinco porções de milho torrado (àgbàdo)
- cinco rosas amarelas
- peixe defumado (ẹja)
- cinco porções de feijão-fradinho (ewa tiro)
- mel de abelhas (oyin)
- azeviche*
- coral
- farinha de milho branco (àgbàdo funfun)

REFLEXÃO DO ODÙ ÒṢÉ:

Em yorùbá:
1. IFARI ÒRÌṢÀ.
2. ÀGBÀDO KÒ LÈ WÙ LÁÌSÍ ÒJÒ.
3. ÈYÌN ABẸ́RẸ́ NI OKÙN TÒ.
4. ÀWỌN ÌRÒYÌN BÙRÚKÚ GBÉ OHUN TÍ ŃBE LÓKÈ.
   WÁ SÍLÈ, ÈYÌN TÍ NBẸ́ NÍ SÀLÈ SÓKÈ.
   ÌSỌ̀RA FÚN ẸJẸ̀ ÀWỌN ẸLẸ́WỌ̀N, OLÈ.
   ÌTỌ́JÚ FÚN ỌMỌ TÍ KÒ LÁRÁ (ẸBÌ).
   LỌ Ọ̀DỌ̀ DÓKÍTÀ.
5. ÈRỌ̀ KÒ DỌ́GBA.
6. ONÍGBÈSÌ TÓ SÁN, NÍ ÒMÌNIRA.
7. OHUN TA GBÀGBÉ, A KÌ PADÀ LỌ́ MU.
8. ỌMỌ RERE RÍ ÌBÙKÚN OLÚWA ÀTI TÍ ÒBÍ.

Em português:
1. Iniciação no culto aos Òrìṣà.
2. Se não chove, o milho não cresce.

---

*N.A.: Azeviche = variedade compacta de linhito, usada em joalheira.

3. A agulha é que leva a linha.
4. Notícias de morte. Derrotas, o que é de cima está embaixo e o que é de baixo está em cima. Cuidado com sangue, prisão e roubos. Dê assistência a um filho abandonado. Procure um médico.
5. Uma coisa pensa o embriagado e outra pensa o dono do bar.
6. Aquele que paga o que deve fica livre.
7. Não volte para buscar o que abandonou.
8. Se é bom filho, é abençoado por Deus e por seus pais.

LENDA DO ODÙ ÒṢÉ:

1. "Olódùmarè marca as mulheres com sangue"

Odébùnmi era um caçador muito devotado a Olódùmarè e lhe oferecia, diariamente, o sangue dos animais que abatia com suas flechas encantadas. Assim que o animal caía na terra, Odébùnmi lhe cortava a cabeça e a guardava. Sua mulher era extremamente curiosa e, quando os animais chegavam, estranhava o fato de não estarem com suas cabeças; assim, quis saber o porquê. Certa noite esperou o marido dormir e, dentro do saco onde Odébùnmi acomodava os animais caçados, colocou uma quantidade grande de cinzas, para segui-lo quando ele fosse caçar. Assim aconteceu; as cinzas foram caindo e a mulher o seguiu até a floresta, e escondeu-se para esperá-lo caçar. Após terminar de caçar, Odébùnmi dirigiu-se à casa de Olódùmarè para lhe oferecer o sangue dos animais caçados e suas cabeças. Porém, Olòdúmárè viu que a mulher estava escondida atrás de uma árvore, chamou-a e disse-lhe que, por seu excesso de curiosidade, ela e todas as mulheres a partir de então todos os meses sangrariam, ou seja, a partir de então as mulheres passaram a menstruar.

2. "As águas doces salvam o viajante"

Um viajante andava por uma estrada e, como estava muito cansado e sedento, começou a ter visões, porém continuou a andar um tanto desorientado. Quando avistou um grupo de homens sentados ao redor de um charco, só estes sabiam que aquela água estava contaminada, mas, por completa maldade, ofereceram-na ao viajante, que, em razão do estado exaustivo em que se encontrava, não viu que a água era impura.

O viajante, depois de descansar um pouco, seguiu seu caminho e após algumas horas começou a sentir-se muito mal; seu estômago queimava como brasa e caroços foram aparecendo em sua pele. Algum tempo depois, tudo desaparecia, e isso se repetia de cinco em cinco dias, até que um dia o viajante chegou a um rio limpo, cujas águas eram coloridas. Nesse momento, chamou o nome de sua mulher, Omikúnlé, e de repente as águas formaram uma enorme onda que cobriu o viajante que estava com o corpo queimando e a pele cheia de caroços. Quando o rio voltou ao normal, o corpo do homem estava normal e nunca mais teve o problema. Diante de sua cura, prometeu às águas doces dar-lhes uma cabra amarela todos os anos, no rio que estivesse mais próximo.

6) ÒBÀRÀ

PROVÉRBIOS:
1. "O homem paciente se faz rei."
2. "O que dá o que tem, a pedir vem."

SAUDAÇÃO:

Em yorùbá:
1. ỌBÀRÁ ALAGBÁRA, ẸYẸ ALAGBÁRA, DÁ ÀBÒ BO ỌMỌ RẸ.
2. ÈṢÙ LAÓRÒYE LÓ NÍ KÓKÓRÓ OLÁ, A MA DABO BONI OTÚN MA PADÀ JÁNI LÓLÈ.

Em português:
1. Ọbàrà Poderosíssimo, ave poderosa que cobre o filho.
2. Saudar Èṣù é a chave para o nascimento da riqueza. Use o nascimento para proteger a casa, a fim de que não tenha assalto nem perseguição.

ADVERTÊNCIA:
O peixe morre pela boca.

NESTE ODÙ NASCEM:
- a sabedoria
- a riqueza
- o ar
- as montanhas
- as joias

ÒRÌṢÀ QUE FALAM:
Ṣàngó, Òṣun, Èṣù, Òrúnmìlà, Olokun, Ẽgun, Obàtálá, Ìbèjì, Abíkú.

SIGNIFICADO DA CAÍDA:

O consulente tem conceitos atrasados em relação ao mundo. Tem pouquíssima roupa. É mestre em dizer mentiras. Deve aproveitar quando a sorte chegar e procurar mantê-la, porque, se ela faltar, não deve haver lamentações por não ter sabido vivenciar da melhor maneira possível esses momentos. Nesse odù, Ṣàngó fala que aquele que tem tesouro e não cuida é certo perdê-lo. O consulente não deve ajudar ninguém a levantar algo que está no chão, não deve comentar o que vê, pois é somente para saber. No caso de ser homem que está se consultando, observar que, se ele atender os conselhos de uma mulher, será bem melhor para ele.

Como existe uma tendência a desenvolver alcoolismo, o consulente deve evitar ingerir bebidas alcoólicas.

O consulente cisma que é enganado, não crê muito no Òrìṣà e às vezes nem nele mesmo.

Pensamentos voltados somente para dinheiro; quando este escasseia, é como se estivesse morto, na realidade gostaria de ter uma fábrica de dinheiro.

Manhoso, invejoso, gosta do que não lhe pertence, inclusive uma mulher. Quando, em alguns momentos, ouve alguma coisa, logo pensa que é mentira, pois vai de encontro aos seus interesses. Alguém da família está doente, tem muita febre, problemas na virilha e uma mancha no corpo.

Sono ruim e, quando sonha, não se recorda. Teme a justiça. Fala com frequência no futuro e no passado, odeia ouvir verdades e se revolta. Perigo com fogo, pois pode se queimar.

Pensa em enganar alguém, talvez um bàbálòrìṣà, mas terá de tomar cuidado, pois se enganará. Não deve vestir roupa de outra pessoa nem emprestar a sua própria. Tem bom coração, porém algumas vezes reage com maldade. Fala excessivamente, discute com facilidade e costuma faltar com respeito. Não é de fazer favores.

Acredita que os amigos se julgam superiores a ele. Se negócios estão para ser fechados, deve providenciar o mais rápido possível, pois poderá sofrer a intervenção da justiça. Quando estiver fumando, não deve fazê-lo em sua cama; jamais negue comida a alguém e evite contar os sonhos que tem. Extremamente genioso, embora seja alegre. No momento de saúde abalada, procure um médico para eliminar o problema no início.

RECOMENDAÇÃO DE IFÁ:

Oferendar ao Òrìṣà Ọ̀ṣun e também receber seus poderes. Oferendar ao Òrìṣà Ṣàngó. Iniciar-se no culto a Ọ̀rúnmìlà.

ẸBỌ DO ODÙ ỌBÀRÀ:

Finalidade: Eliminar do caminho da pessoa enganos, falta de dinheiro, discussões, problemas judiciais.

Material necessário:

- **Primeiro Ẹbọ**
  - um bastão pequeno (ọ̀pa)
  - dois galos brancos (àkùkọ funfun)
  - dezesseis cabaças pequenas (igba kèkèrè)
  - duas galinhas vermelhas (adiẹ púpà)
  - pano vermelho (aṣọ púpà)
  - preá
  - ẹkọ (àkàsà)
  - índigo (wãjí)
  - pano branco grande (alá funfun)

- **Segundo Ẹbọ**
  - um pombo branco (ẹiyẹlẹ funfun)
  - um galo vermelho (akukọ́ púpà)
  - uma galinha vermelha (adie púpà)
  - preá
  - duas garrafas de água (igo omi)
  - lenha (igi idáná)
  - cabaça (igba)
  - coco (àgbọn)
  - velas (fitìlà)
  - roupa da pessoa (aṣọ eni)

REFLEXÕES DO ODÙ ỌBÀRÀ

Em yorùbá:
1. ÒHUN GBE MU KÍ ÓMU JÙBẸ́ LỌ.
2. OWÓ NI ÀGBÀ NÍ ÌRÉ,
   IJÙJÚ TÀBÍ ÀÌSÓTO MÚ OSOGBO ṢE ÒFO.
3. ÌWOLÉ JÁDE.
4. ỌBÀRÁ MÈJÌ ỌBÁ KÚ, ỌMỌ ALADE, ỌBÀRÁ MÈJÌ.
5. ESẸ̀ MÉRIN NI AJÁ NI. SÙGỌ́N ỌNÁ KAN LÓ NTỌ̀.
6. ETÍ KI ṢE ORÍ ỌWÒ FÚN ÀGBÀ.
7. ASIWÈRÈ LÓ JẸ́.
8. ORÍ RẸ KÒ PÉ.
   OLÈ DI WÈRÈ, ENI TÍ KÒ NÍ ỌWỌ́.
   MAṢỌRỌ, A SÌ MA KÍ GBE.
   GBỌ́DỌ̀YÍ PADÀ.
9. ÀIGBÓRÀN AMA FA ÌRẸ̀ WESÍ.

Em português:
1. Aquele que realmente quer o caldo, toma três xícaras.
2. Em Iré o dinheiro é grande,
   em Osobo òfò traz injúria ou vergonha.
3. Sair para fora de casa.
4. Rei morto, Príncipe coroado, Rei do Corpo Duplo.
5. O cachorro tem quatro patas, porém trilha um só caminho.
6. Orelha não passa cabeça, aprenda a respeitar seus superiores.
7. Você é louco ou se faz de louco.
8. Sua cabeça não está bem, pode enlouquecer, porém é normalmente desrespeitoso.
   Fala e grita muito alto,
   quer queira ou não, tem de mudar.
9. Fracassa e acumula fracassos por absoluta teimosia.

LENDA DO ODÙ ÒBÀRÁ:

1. "Ọbátúndé acata os conselhos de Òrúnmìlà"

    Ọbátúndé era um rei dotado de extrema curiosidade e ouviu alguém, em seu palácio, falar sobre os poderes de Òrúnmìlà.

    Depois de muito pensar, resolveu ir até a casa daquele que nos revela o destino de todos.

    Òrúnmìlà o recebeu e alertou-o que estava rodeado de inimigos. Ọbátúndé gargalhou e disse que seus ouvidos tinham escutado uma coisa absurda e ridícula porque seu séquito era formado, na maior parte, por seus próprios familiares.

    Passaram-se alguns meses e Ọbátúndé teve de viajar a uma cidade longínqua e deixou, interinamente, em seu lugar, um membro familiar de sua maior confiança. Ọbátúndé, inconscientemente, não avisou quando voltaria. Após algumas semanas, Ọbátúndé retornou e viu que haviam lhe usurpado o trono e que queriam matá-lo. Imediatamente se dirigiu à casa de Òrúnmìlà, que realizou um ẹbọ. Assim sendo, Ọbátúndé retomou seu trono e demitiu todos os que o haviam traído e os expulsou da cidade.

2. "Ọlátúnjí, o piedoso"

    Ọlátúnjí era muito pobre, porém dotado de grande virtude: compartilhava o pouquíssimo que tinha com quem nada possuía. Quase diariamente ia à sua casa Òṣúntókí, que vivia em péssimas condições e tinha cinco filhos. Ọlátúnjí, que sabia da situação da pobre mulher, lhe dava a comida que tivesse em casa e algum dinheiro. Èṣù, que toma conta da vida de todos, viu por várias vezes Òṣúntókí sair da casa de Ọlátúnjí e colocar os pães pelas encruzilhadas que passava. Resolveu então ir à casa de Ọlátúnjí e relatar-lhe o que estava acontecendo. Este resolveu seguir a mulher todas as vezes que ela saísse de sua casa.

    Òṣúntókí recebeu pães e algum dinheiro de Ọlátúnjí e foi embora. Ele a seguiu e assim pôde comprovar o que Èṣù lhe relatara sobre a mulher. Em dado momento, Ọlátúnjí a interceptou e ela, muito assustada, disse que os filhos precisavam de mel de abelhas e não de pão e, para não ser ingrata com o amigo não aceitando o pão, aceitava-o e o distribuía por onde passava, ficando apenas com o dinheiro com o qual comprava mel de abelhas.

Ọlátúnjí apiedou-se da ignorância da mulher e lhe disse: "Poderias ter ficado com os pães e ao mesmo tempo ter comprado mel de abelhas; teus filhos, com certeza, ficariam mais fortes".

7) ÒDÍ

PROVÉRBIOS:
1. "Não se caçam dois pássaros ao mesmo tempo."
2. "Se bem não te faço, mal tão pouco te farei."

SAUDAÇÃO:

Em yorùbá:
1. ÀGBÀ OKÙNRIN TÍ MA GBÓ ÒRÌṢÀ,
2. ỌMỌ ATANI, ÌYÁ ÀLÁÌNÍ TẸ LORUN, ỌMỌ GBÉ KÚ KIRI.
3. ỌMỌ ADÁ NÍ LẸJỌ́, GBO GBO WỌN ẸBÍ IGBÓ IKÚ.
4. IKÚ AMA KÀ FÚN ÒDÍ, OHUN TÓ SÓNÙ AMA RÒ FÚN ÒDÍ,
5. ÈRE IKÚ A MA KÀ FÚN ÒDÍ.

Em português:
1. Homem velho que escuta o filho do Òrìṣà,
2. filho do carrego dos enganos, mãe da lamentação, do filho que carrega a morte.
3. O filho que carrega o castigo e de todos da Floresta da Morte.
4. Tanto a morte contém Òdí como as perdas costumam conter Òdí,
5. Assim como as máscaras da morte também contêm Òdí.

ADVERTÊNCIA:
Um tigre não pode atacar um cachorro se estiver enjaulado.

NESTE ODÙ NASCEM:
- as nádegas
- a vagina
- a cor negra e a vermelha
- o mar
- a malícia
- os grãos

ÒRÌṢÀ QUE FALAM:
Iyẹmọja, Ọṣun, Ògún, Èṣù, Ọbàtálá, Ọbalúaiyé, Odúdùwá.

SIGNIFICADO DA CAÍDA:
Dívidas contraídas pela família. Dois familiares, podendo ser irmãos, têm inveja e querem que o consulente desapareça, inclusive ao todo devem ser três ou quatro irmãos, um deles é descrente dos Òrìṣà e outro, zombeteiro, que gosta de discutir por tudo, e com esse a pessoa não se dá bem.

Extremamente sobressaltado, sono interrompido, levanta da cama aos pulos. Sonha com frequência com mortos e neles vê os rostos dos inimigos que tem.

O consulente recebeu a visita ou mora com um militar.

Alguém em outra localidade, podendo ser país, que muito interessa ao consulente e este almeja seu regresso ou quer seu endereço certo para poder se contatar.

Pessoa que acumula namorados e dentre estes há um de cabelos brancos. Uma dessas pessoas contará uma intriga. Há de cuidar-se, pois um deles está doente e pode contaminar a pessoa.

O consulente se aconselha com alguém que tem bens ou herança para receber.

Deve procurar médico, pois sente-se mal e o que tem pode agravar-se.

Caráter violento, enredado em uma intriga; porém, se averiguá-la, será pior. Está sempre se envolvendo em problemas e por isso quer mudar-se de residência. Na casa do consulente há alguém com problemas oftalmológicos, inclusive pode ser ele mesmo. Não deve carregar peso ou brincar em locais abertos, pois pode escorregar e se machucar com gravidade.

A documentação deve ser mantida em ordem, para evitar problemas judiciais. Prestar muita atenção com quem anda e onde pisa.

Sonha muito com o mar e embarcações.

Caso o consulente seja homem, pode desenvolver doenças nos testículos ou nos ouvidos. Algo perdido será encontrado. É filho de Iyẹmọja ou Ọbalúaiyé.

O consulente não pode se descuidar, inimigos querem descobrir um segredo que guarda a sete chaves para que possam humilhá-lo.

Alguém trama para que o namoro do consulente seja rompido. Falsos testemunhos contra ele, porém não deve maldizer nem desrespeitar os mais velhos. Não deve ficar aflito, o dinheiro chegará em quantidade. A mãe lhe faltará em breve.

Mulher não pode ter relações sexuais no período menstrual, inclusive no momento poderá estar com amenorreia.

Pessoa que regressa de viagem está trazendo dinheiro para o consulente.

Observação: Òdí assinala adultério com perigo, morte, sustos, doenças, intrigas e animosidade extrema. Quando esse Odù pare em osobo, é imprescindível usar o igbo para identificar por qual caminho o osobo está vindo. No caso de Òdí parir em Iré, é bom também identificar o caminho que o está trazendo.

RECOMENDAÇÕES DE IFÁ:

Cumprir promessa feita a Ọbalúaiyé. Devocionar-se a Iyẹmọja. Marca iniciação no culto ao Òrìṣà Ọlọ́rí.

ẸBỌ̀ DO ODÙ ÒDÍ:

Finalidade: Reverter diversas situações negativas; limpar o caminho para que a pessoa possa enxergar, realmente, novas possibilidades profissionais, financeiras e afetivas.

Material necessário:

- **Primeiro Ẹbọ**
    - uma xícara (igò)
    - um favo/vespeiro (òdẹ agdabọn)
    - uma galinha vermelha (adiẹ̀ púpà)
    - dois pombos pretos (ẹiyẹlé dudu)
    - duas espigas de milho (ṣiri ọka àgbado)
    - feijões variados (ẹwa oriṣiriṣi iru)
    - um galo vermelho (àkùkọ púpà)

    Observação: O galo vermelho é para ser oferendado a Èṣù Ọ̀ná.

- **Segundo Ẹbọ**
    - dois galos brancos (àkùkọ funfun)
    - um pé de milho (èwékò agbado)
    - sete cocos (àgbọn)
    - sete espigas de milho (ṣiri ọka àgbado)

REFLEXÕES DO ODÙ ÒDÍ:

1. OHUN TO SỌ NI KO DÌMÚ.
2. ÀIGBỌRÀN NÍ SÍWÁJÚ ÌPARUN.
3. ÌWÀ MÍMỌ́.
4. ÒTÍTỌ́.
5. ÒDÍ MÈJÌ SÀMÌ SÍ ALÁGBÈRÈ.
6. ỌMỌ LÚÀBÍ NÍ OJÚ RERE OLÚWA ÀTI TI ÒBÍ, LÈ LÙ ÌLÙ.
7. LỌ SÍ IBI TÍ ESỆ BÀ LÈ DÉ MÁ ỆE SỌ OWÓ NÙ.

Em português:

1. Não discuta mais, cuidado com o que diz.
2. Cuidado com objetos de ferro, não teime, cirurgia abdominal, problemas estomacais.
3. Livre de culpa, caminho aberto.
4. Não insista na desobediência, não tenha duas caras.
5. Òdí mèjí marca adultério com muito perigo.
6. O bom filho por Deus é abençoado, que pelos pais deve bater tambor.
7. Vá até onde seus pés podem alcançar.
   Não jogue dinheiro fora.

LENDA DO ODÙ ÒDÍ:

1. "Abíóyè, o esbanjador"

Abíóyè era comerciante e acumulava uma pequena fortuna, porém, como era esbanjador, foi gastando seu pecúlio e empobreceu rapidamente. Desesperado, foi à casa de Ọrúnmìlà, que lhe marcou um ẹbọ; mas ao chegar à rua disse, em voz alta, que não iria gastar o pouco do dinheiro que lhe restava com "essas bobagens". Èṣù, que estava próximo a Abíóyè, resolveu lhe dar uma lição: foi para casa, esculpiu três bonecos em ébano e lhes deu vida por intermédio de três ẽgun. Foi para a estrada que Abíóyè era obrigado a passar diariamente.

Abíóyè, como sempre fazia, vinha pela estrada, cantarolando, quando avistou Èṣù e os três bonecos e logo se interessou por eles. Ao chegar a Èṣù, perguntou-lhe o valor de um boneco, mas Èṣù disse que só venderia os três juntos. Abíóyè pensou rapidamente que seria um ótimo negócio, compraria os três bonecos e os venderia, separadamente, por um valor mais alto ainda.

Fechou a compra com Èṣù e foi para casa levando os bonecos, que esperaram Abíóyè se deitar. Os ẽgun que neles habitavam fizeram uma revolução no local, deixando o comerciante apavorado, quase enlouquecido, porque ouvia vozes, gargalhadas, deboche e barulhos ensurdecedores. Abíóyè, antes mesmo de o Sol nascer, pegou os três bonecos, quebrou-os com um martelo e os enterrou na estrada, em seguida se dirigiu à casa de Ọrúnmìlà para realizar o ẹbọ.

A partir dessa experiência, Abíóyè nunca mais esbanjou seu dinheiro e voltou a ser um comerciante próspero e rico.

1. "Òdí cria as covas fúnebres"

Na Nigéria, precisamente em terras yorùbá, em priscas eras, não havia o costume de os mortos serem enterrados. Nas cidades existiam árvores, muito antigas, de tronco imenso; dentre essas, destaca-se o baobá, que abrigava os corpos humanos mortos. Porém, Mọfá era casado havia mais de 15 anos com Lèwá, que o amava muito e sempre que podia dizia que não sabia o que fazer se o marido lhe faltasse. Na cidade, todos sabiam que Lèwá não dizia a verdade, porque ela traía o marido e maltratava o único filho que tinham, Òdí.

Òdí só tinha carinho e atenção por parte do pai e sabia de tudo de ruim que a mãe fazia. Passaram-se anos e a situação cada vez mais piorava; Mọfá não tinha forças para reverter a situação e isso o levou à morte. Òdí ficou muito triste, enquanto Lèwá não conseguia esconder que havia se safado de seu pesado fardo.

Na hora de levarem o corpo de Mọfá para o tronco de uma árvore, Òdí não se conformava em deixar o pai ali: queria um local em que pudesse colocá-lo e reverenciá-lo sempre que sentisse necessidade. Então lhe ocorreu a ideia de cavar uma cova e nela colocar o corpo morto de seu amado pai. Pediu que o cortejo parasse e começou a cavar a terra, até que coubesse o corpo de seu pai, em sentido horizontal. Ao terminar de cavar, colocou o corpo do pai e o cobriu com a terra que havia retirado e começou a recitar várias àdúrà e alguns orin em homenagem àquele que o tinha amado tanto.

Desde então, as covas foram sendo feitas para receber os corpos humanos mortos.

8) ÈJÌ ONÍLẸ̀ (ODÙ MAIOR)

PROVÉRBIOS:
1. "Quem nasce para cabeça jamais será cauda."
2. "As mãos se elevam mais alto que a cabeça, entretanto esta permanece sobre as mãos."

SAUDAÇÃO:

Em yorùbá:
1. ỌMỌ FÉ PO AMỌ̀ LÁTI LẸ MO ÈRE,
2. O LO EPO, ÀLÙBỌ́SÀ OTI ÒJÒJÒRÓ,
3. KO DAN NKAN ÌRAWO LÁTI MÒ BÓYÁ O DÓGBA.
4. O LE LO, SÙGBỌ́N GBÓDÒ GBA ÀṢẸ LỌ́WỌ́
5. ÒRÌSSÀ PẸ̀LÚ IDỌBALE BÉRÉ FUN ÌWÚRE.
6. KÁ NÍ AIYÉ DÓGBA NI, AWỌN, ÈRO NKAN
7. LÁTI LÓ PÉ KÍ AIYÉ LÉ GÚN, ISÉ YLO SSÉ SSE.

Em português:
1. O filho fricciona a máscara,
2. usando óleo, cebola e cachaça,
3. e não testemunha a cobiça diária.
4. Obtém, e usa o poder e a força vital
5. através do Òrìṣà e prosterna-se, no chão, rogando bênçãos.
6. No mundo da cobiça, o que estimula
7. a vida na terra é o trabalho, a ocupação diária.

ADVERTÊNCIA:
"É a cabeça que leva o corpo."

NESTE ODÙ NASCEM:
– a formação das águas na terra
– o abutre que desce sobre os cadáveres
– a coluna vertebral, os vasos sanguíneos e a linfa
– a divisão das cidades no Estado

ÒRÌṢÀ QUE FALAM:
Ọbàtálá, Èṣù, Ọsanyin, Ṣàngó, Ẽgun, Odùdúwá, Ọlọkun.

SIGNIFICADO DA CAÍDA:
O consulente é filho de Ọbàtálá, não tem seu mérito ressaltado por culpa própria, pois se mostra muito soberbo.

Nesse Odù, Ọmọlú alerta que o consulente, ao ver o mal sendo praticado, não deve ficar triste nem renegá-lo, pois já superou muitos problemas e ainda restam alguns, porém tudo se esclarecerá e ele continuará em um novo caminho.

Sono intranquilo, sonhos ruins que o preocupam, porém esquece-os. Nos sonhos aparecem dois caminhos, sendo um ladeado por um milharal e o outro totalmente árido. Se o Odù Èjì-Onílẹ̀ pariu em Irẹ́, sorte e abundância encherão a vida do consulente.

Dores nos olhos, no abdome, nas pernas e muitas cãibras. Se o consulente é homem, deve evitar ter relações sexuais extraconjugais, pois tem várias parceiras e, se ainda não contraiu, é certo que contrairá doença venérea ou outra doença sexualmente transmissível.

A cabeça é voltada para o bem, porém sempre recebe o mal como retorno. Tudo que conquista é à custa de muitas lágrimas, e o principal motivo é o descuido com seu Òrìṣà.

Se cuidar dele, o caminho se abrirá.

Hábitos desordenados, assim como reações: às vezes ri muito e em seguida chora copiosamente. Falatório ao seu redor, provocado por inveja, principalmente porque tem sorte nas amizades. Familiares distantes darão notícias. Intranquilidade e orgulho excessivos levam o consulente a desejar a própria morte.

Há algo que o consulente se apoderou que é de outrem ou mesmo roubou a mulher de alguém próximo, então vive assustado e com muito medo. Cobiça exacerbada por tudo que não tem, inclusive a mulher de um amigo.

Deve evitar expor o corpo diretamente ao Sol e não tomar banho de chuva.

Respeitar os mais velhos, não zombar de seus cabelos brancos, pois são eles que adiantarão várias coisas na vida do consulente.

Um ẽgun cobra o que a pessoa está lhe devendo. Não acumule lixo em sua casa. Embora esteja guerreando, a vitória será sua. Se em sua residência aparecerem ratos, não os mate, apenas os afaste do local. Evite comer grãos, principalmente feijão branco e milho; não suba em escadas caracol nem penetre em locais subterrâneos. Só visite doentes se for extremamente necessário. Pare de se maldizer e de desejar a morte. Você tem sorte e concretizará alguns sonhos.

Confia em uma pessoa ou está defendendo-a, porém ela lhe causa danos por meio de coisas que foram usadas por uma pessoa que já morreu. Se o chamarem, certifique-se de quem o chamou para depois olhar para trás.

Se o(a) consulente é solteiro(a), casará com pessoa negra e terá uma filha com a Síndrome de Àbíkú, e será ọmọ Ọmọlú.

Todas as garrafas existentes na casa do consulente devem permanecer tampadas, mesmo as que estão vazias; os possíveis buracos que possa haver na casa devem ser imediatamente tampados. Evite acumular coisas em casa, não use perfume em excesso na cabeça nem colares ou gargantilhas que tenham nós e muito menos roupas remendadas. Não se alimente com vísceras de animais, batatas nem comida de um dia para o outro e também não ingira bebidas brancas.

Èji Onílẹ̀ marca iniciação no culto aos Òrìṣà, mesmo que a pessoa tenha idade avançada.

Observação: Quando esse Odù sai, o consulente passa em sua cabeça ẹfun ralado.

RECOMENDAÇÃO DE IFÁ:

Devocionar, reverenciar e oferendar Ọbàtálá, vestindo-se de branco.

Após fazer ẹbọ, evitar ir para a rua pelo período de sete dias consecutivos após as 12 horas.

Bọrí para nutrir e acalmar, minuciar por meio do jogo o conteúdo deste.

Oferendar Ọmọlú.

ẸBỌ DO ODÙ ÈJÌ ONÍLẸ̀:

Finalidade: Eliminar sono intranquilo, pensamentos ruins; abrir caminho; melhorar a saúde e propiciar coisas boas para a vida da pessoa.

Material necessário:

- **Primeiro Ẹbọ**
    - dois pombos brancos (ẹiyẹlé fúnfún)
    - um pedaço de pau na altura da pessoa (igikan tobi rẹ)
    - um caracol (ìgbín)
    - manteiga de cacau (bọ́ta kòkó)
    - duas penas de pássaro odidẹ (ikódídẹ)
    - algodão (òwú)
    - pano branco (aṣọ àwọ̀ Fúnfún)

- **Segundo Ẹbọ**
    - um frango (akukọ́)
    - dois pombos (ẹiyẹlẹ)
    - algodão (òwú)
    - linha branca (okun àwọ̀ fúnfún)
    - linha preta (okun àwọ̀ dudu)
    - linha vermelha (okun àwọ̀ púpà)
    - lençol branco (àlá fúnfún)

REFLEXÃO DO ODÙ ÈJÌ ONÍLẸ:

Em yorùbá:

1. TÍ ORÍ KÒ BÁ ṢE FÚN TÍTÀ, KÒ NÍ SÍ ENI TÓ MÁRÀ.
2. AIYÉKÒ TỌ́ LÓ KỌRIN LÁGBO, ODÍDERÉ TÓ WÀ NÍ ÌLÚ LÓ GBAYÌ.
3. FÚN IRE EMU RE, FI ÀGUTÀN DÚPẸ́, FÚN ṢÀNGÓ LÁTI FI SAN GBESẸ̀.
4. OLÓGOSÉ GÉ ALANÚLÒ JE, MÁ ṢE WÙWÁ BẸ, DA ỌMỌ LÓHÙN.
5. KÍ LÓ DÉ TÍ ỌBỌ KÒ FIN GBIN ÀGBÀDO SÍ ETÍ ODÒ, IRU ỌBỌ RỌ̀.
6. MỌ́ IGI. MÁ ṢE RONÚ BÍ TI RẸ̀. ỌRẸ AMÁ YARA.
7. A KÌ ṢE MÁ ṢE LÉ MÈJÌ.

Em português:
1. Se sua cabeça não lhe vender, não haverá quem a compre.
2. O papagaio canta no campo e o periquito, na cidade, leva a fama.
3. Como há pouca satisfação pessoal, oferende Şàngó com um carneiro e pague o que deve aos mais velhos.
4. É comum o pardal bicar o miserável; não o copie, atenda a essa pessoa.
5. Quem deve ao macaco não pode semear milho na margem do rio. O macaco é amarrado por seu próprio rabo.
6. Não seja excessivamente racional.
7. Até os amigos inseparáveis se separam.

LENDA DO ODÙ ÈJÌ ONÍLẸ̀:

1. "Ọba Òwú e seu orgulho"

Ọba Òwú era um rei extremamente soberbo, prepotente e muito orgulhoso; chegava ao cúmulo de não falar com ninguém da cidade em que reinava e não permitia, em hipótese nenhuma, que seu séquito se misturasse com o povo.

Ọba Òwú tinha uma filha que constantemente estava doente, nenhum bàbálàwó chamado ao palácio para atender a menina tinha êxito nos ẹbọ que eram realizados para a saúde da criança. Vendo o insucesso dos sacerdotes de Òrúnmìlà, Ọba Òwú mandou seus guardas irem à casa de Òrúnmìlà e o levarem à sua presença, porém o Grande Adivinho mandou dizer que o rei é que tinha de ir até ele.

Ọba Òwú ficou muito zangado e blasfemou contra Òrúnmìlà, porém sua filha piorou muito e ele não teve outro jeito senão ir até a casa do sábio.

Òrúnmìlà morava em uma casa no alto de uma ladeira. Quando Ọba Òwú chegou à porta da casa, teve de inclinar o corpo para a frente para poder entrar, pois sua coroa o impedia, por torná-lo mais alto do que era. Porém, nesse momento, a coroa bateu no portal, caiu para fora da casa e rolou ladeira abaixo. O povo a apanhou e a escondeu. Òrúnmìlà disse a Ọba Òwú que ele tinha de bater de porta em porta procurando por sua coroa. Quando encontrasse a coroa, a vida de sua filha estaria salva e nunca mais ela adoeceria. Ọba Òwú relutou muito para cumprir os desígnios de Òrúnmìlà, mas, pensando na salvação da filha, começou sua busca pela coroa. Algumas pessoas, ao verem que era o rei quem batia em suas portas, sequer as abriram, não lhe deram a menor importância, porém ele continuou sua peregrinação até encontrar a coroa. Ao encontrá-la, Ọba Òwú já tinha se transformado em uma pessoa humilde, atenciosa e prestativa, e sua filha definitivamente estava curada.

2. "A inveja dos pássaros"

Certa manhã os pássaros se reuniram e, dominados pela inveja, resolveram acabar com o algodão, pois estava sempre branco e se achava muito importante. Acordaram que intrigariam o algodão com a Lua, o Sol, a minhoca, o vento e com todos os outros pássaros.

Partiram para concretizar seu acordo e foram falar com a Lua que, depois de ouvi-los, resolveu que faria chover muito até que o algodão apodrecesse. O Sol prometeu que seu calor iria servir para esturricá-lo, a minhoca iria arruinar sua raiz, o vento jurou derrubá-lo violentamente e os demais pássaros comeriam todas as sementes do algodão para que não se reproduzisse nunca mais.

O algodão tomou conhecimento da trama dos pássaros e foi à casa de Ọrúnmìlà para que o sábio lhe revelasse como deveria proceder. Por meio do Odù Èjì Onílẹ̀, veio a determinação de que o algodão deveria fazer uma roupa branca e deixá-la aos pés da montanha que havia perto do algodoeiro, e aguardasse que alguém iria procurá-lo. O algodão levou oito horas confeccionando a roupa, em seguida foi até a montanha e a colocou aos seus pés. Voltou para o algodoeiro para esperar quem iria procurá-lo. Oito horas depois, Ọbàtálá passava perto da montanha quando sua roupa ficou suja de pó de carvão; imediatamente ele tirou a roupa e viu a que o algodão confeccionara e logo a vestiu. Grato por ter encontrado a roupa branca e limpa, saiu em busca de quem tinha tido a ideia. Perguntou à Lua, ao Sol, ao vento, à minhoca e aos pássaros se sabiam quem tinha confeccionado a roupa branca e a deixara aos pés da montanha. Todos, pensando que Ọbàtálá ia lhes fazer mal, responderam que não sabiam, porém ressaltaram que o único que poderia ter tido tal atitude seria o algodão. Ọbàtálá agradeceu e foi ao encontro do algodão, que lhe relatou tudo e com detalhes; então, o Deus da Criação sentenciou: "A partir de hoje, todos que quiserem te fazer mal ficarão cegos".

No dia seguinte pela manhã, o algodão verificou que alguns pássaros voavam sem direção e certificou-se de que estavam cegos. Comprovou, então, que eles é que queriam perpetrar-lhe o mal.

9) ỌSÁ (ODÙ MENOR)

PROVÉRBIOS:
"Quem nasceu para morrer afogado não morre enforcado."
"A saliva prepara a língua para falar melhor."

SAUDAÇÃO:
Em yorùbá:
1. GBOGBO IṢẸ́ TI WỌ́N LO ÀGÙTÀN FÚN MA
2. NÍFA KÍ ENI MA PÀDÁNÙ ŃKAN, IKÚ,
3. ÀGÙTÀ TA TỌ́ NÍLÉ,
4. OLÓWÓ RẸ NÍ KAN LÓ LÈ BAWÍ

Em português:
1. Os sistemas de trabalho do carneiro para
2. atrair e repelir a perda e a morte na vida de uma pessoa,
3. o carneiro estreita a estima da Casa Materna
4. Cobiçada pelo Dono da Cidade.

ADVERTÊNCIA:
Seu melhor amigo pode se transformar em seu pior inimigo.

NESTE ODÙ NASCEM:
- a força de Ṣàngó
- as fossas nasais
- a abertura dos olhos
- as cerimônias fúnebres
- o sangue
- a magia negra

ÒRÌṢÀ QUE FALAM:
Ọya, Ágànjú, Ọbàtálá, Ògún, Ọṣun, Ọbà, Ẽgun, Òdùdùwà, Osanyin, Ṣàngó, Ìrókò, Ọrúnmìlà.

SIGNIFICADO DA CAÍDA:
Em sua casa existem muitos problemas, porém aparentemente parecem resolvidos, mas podem se agravar. Alguém que foi ou irá à sua casa lhe trará problemas, pois ela está envolvida com um familiar seu.

Uma pessoa que frequenta assiduamente a casa do consulente está muito doente, podendo morrer.

Três poderosos inimigos que o consulente tem, dentre eles um é mulato e foi muito favorecido por ele e hoje é o pior entre todos.

Teimosia, sangue quente subindo à cabeça o torna violento e quer explicitar o que sente, porém tem de se controlar para não cometer um ato insano, fatal.

Não admite ser governado nem que o contradigam. Não esquece quem lhe faz ofensas, acredita que aquele que lhe faz mal tem de pagar.

Gênio indomável, principalmente se for mulher, não teme ninguém.

Sua vida é recheada de contratempos e sofre a energia negativa da inveja.

A pessoa nasceu com um sinal no corpo ou tem uma cicatriz. É ọmọ Ọ̀yá, Òrìṣà, aliás, que a favorece muito e em sua família há outra pessoa que também é ọmọ Ọ̀yá.

Sonhos com mortos e com muita comida.

Na casa do consulente há uma pedra, podendo ser um ímã: deve oferendá-la.

Caso pense em se mudar de residência, providencie o mais rápido possível.

Cuidado com o fogo. Em hipótese nenhuma discuta ou fomente uma discussão nem porte armas bélicas.

Alguém trabalha com bruxaria para prejudicá-lo e faz uso de ossos de porco sacrificado.

Dentre familiares e amigos mortos, existe um que está cansado de assistir ao seu sofrimento e por isso deseja levá-lo para junto de si.

O consulente não deve permitir que durmam em sua casa pessoas que estão doentes, pois pode ser que haja morte de uma delas e isso pode trazer-lhe transtornos.

Cuide de sua saúde, pois a morte lhe espreita e Ọ̀yá não a deixará tranquila; nessa fase, evite ir a velórios e/ou entrar em cemitério.

Traição, calúnia, falatório em torno do consulente, que também não deve comer carne de carneiro. Se for mulher, não usar roupas coloridas nem dormir em cama cujos lençóis sejam coloridos.

Deve prestar muita atenção ao que come, pois pode se sentir muito mal.

Domine a curiosidade e não olhe para lugares escuros, sem iluminação.

Mantenha suas roupas organizadas, assim como tudo o que lhe pertence.

Se alguém pedir para guardar algo em sua casa, providencie testemunhas, pois poderá ter problemas com a pessoa que lhe pediu o favor ou ser acusado de roubo.

Se o consulente tem filhos, deve protegê-los muito bem, pois inimigos querem vingar-se por intermédio de um deles. Não olhe para trás se ouvir chamarem seu nome.

Nesse Odù, a pessoa não pode ter em casa louçarias e espelhos anteriormente usados por outrem nem guardar em casa objeto de pessoa morta; não pode emprestar o pente de uso pessoal a outra pessoa nem ajudar ninguém a colocar embrulho, caixa ou outro tipo de peso sobre a cabeça.

O consulente tem três amigos de verdade que o ajudam sempre que ele precisa.

Observação: Nesse Odù, Ikú fala informando que a cabeça do consulente está muito ruim e que a sepultura o espera. Não há remédio que possa lhe salvar a vida e alguém pode ainda atentar contra ela. Nesse caminho, Şàngó e Ọbàtálá têm de ser oferendados juntos.

ẸBỌ DO ODÙ ỌSÁ:

Finalidade: Eliminar caminho de doença, perigo de morte, fofocas, intrigas e traições.

Material necessário:

- **Primeiro Ẹbọ**
    - duas galinhas vermelhas (adiẹ púpà)
    - duas pombas brancas (ẹiyelẹ abo fúnfún)
    - nove pombos brancos (ẹiyelẹ fúnfún)
    - um machado (òṣé)
    - nove frangos brancos (akukọ́ fúnfún)
    - duas pedras, se possível da casa da pessoa, precisamente da parte da frente (òkúta)

- **Segundo Ẹbọ**
    - um galo vermelho (àkùkọ púpà)
    - dois pombos brancos (ẹiyelẹ fúnfún)
    - oito caracóis (ìgbín).

REFLEXÕES DO ODÙ ỌSÀ:

Em yorùbá:
1. AIDUNU ỌKỌ ÀTI AYA, LỌ́WỌ́ ỌTÁ NÍ BÉ.
2. ÀYÍ PADÀ NÍNÚ EBÍ, TI ELÒMÍRÀN LÓPỌ̀JÙ.
3. WO IWÁJÚ ÀTI ÈHÌN, OHUN TAKỌ KÒ ṢE PARÉ.
4. BÍ O KÒ BÁ MÒ GBE PẸ̀LÚ ELÒMÍRÀN LÁYÈ YI, WÁ KỌ LÁIYÉ MIRAN.
5. ÀGÙTÀN MÉJÌ KI MU OMI PỌ̀ NÍ ORÍSUN KAN.
6. O SÒRO FÚN ONÍMÚ Ǹ LÁ MÉJÌ LÁTI JÈTÈ.
7. LÉHÌN TÍ ADÍN ỌRÁ ẸLẸDẸ̀ BAWO LÓ ṢE RÍ.
8. ỌRẸ́ NÍ N'PA ỌRẸ́.
9. ÌRÈ WẸ̀SÌ NÍTORÍ ÀYÍPADÀ, ỌWỌ̀ FI ÒPIN SÍ OHUN TÍ KÒ DÁRA A RÍYÀNDIYÀN MA N'FA ÌRÈWẸ̀SÌ.

Em português:
1. Desgostos provocados por uma terceira pessoa entre os cônjuges.
2. Revolução na família e também com outras pessoas.
3. Não se descuide, olhe para a frente e para trás.
   O que se escreve não se apaga.
4. Se você não sabe conviver com os preconceitos que existem entre os vivos, aprenderá no mundo invisível.
5. Dois carneiros não bebem água, juntos, na mesma fonte.
6. Dois narigudos nunca se beijam.
7. Depois que a banha aquece e o toucinho é jogado dentro é que saberemos como os torresmos ficarão.
8. Amigo não mata amigo.
9. A honra anula as impurezas da existência e a revolta fracassa por haver uma discussão.

LENDA DO ODÙ ỌSÁ:

1. "A traição entre dois amigos"

Olódùmarè tinha uma filha cujo nome era Ojú Ọrun. Ikú (a morte) por ela se enamorou e queria casar-se o mais rápido possível; declinou sua vontade ao Deus Supremo, que disse:

— Está bem, se você me trouxer cem cabeças do outro mundo, poderá desposar minha amada filha.

Porém Ikú tinha uma velocidade de raciocínio incrível, e pensou:

— Cem cabeças? É bem melhor fazer uma contraproposta que me beneficie amplamente.

Propôs então ao Grande Deus:

— Olódùmarè, para que cem cabeças, se bem sabes que existe uma que vale por todas e muito, muito mais?

Olòdúmárè perguntou:

— De quem é essa cabeça?

Ikú respondeu rapidamente:

— De Igi, é claro.

Olódùmarè sabia que Igi era um homem correto, de ótimo caráter, cumpridor de seus deveres e os pedidos que lhe fazia eram religiosamente realizados. Assim sendo, acedeu à proposta de Ikú.

Ikú imediatamente foi em busca de Igi; no caminho encontrou Àgbò, relatou-lhe o que estava acontecendo e fez a proposta:

— Àgbò, se me ajudares nessa empreitada, eu te asseguro vida eterna.

Àgbò aceitou e foi à casa de Okùn e lhe disse:

— Okùn, seja meu amigo e me faça um favor.

Okùn, sem nada entender, respondeu:

— Claro, amigo não rejeita favor a amigo.

Àgbò então explicou do que precisava:

— Preciso que vás à casa de Igi, nosso amigo comum, e o tragas para cá, e assim tu não irás precisar mais trabalhar, pois, ao levarmos Igi à presença de Olódùmarè, estaremos salvos.

Okùn imediatamente se dirigiu à casa de Igi. Lá chegando, bateu três vezes na porta, porém Igi tinha feito ẹbọ, como Ọrúnmìlà lhe prescrevera e o advertira de que não abrisse a porta para ninguém, que se mantivesse em repouso absoluto em sua casa. Okùn, vendo que Igi não o atendia, gritou:

— Igi, sou eu.

Igi perguntou:

– Eu quem?

Okùn esclareceu:

– Sou eu, seu melhor amigo, Okùn. Abra a porta, Igi, quero conversar com você.

Igi, obediente a Òrúnmìlà, respondeu:

– Meu amigo, te agradeço a visita, mas estou repousando e não posso interromper este momento.

Okùn, bastante aborrecido, voltou ao local onde Àgbò o esperava e lhe relatou o fracasso de sua tarefa, porém este se lembrou de que Igi não dispensava coco. Passou a mão em um e se dirigiu à casa de Igi.

Quando Àgbò chegou à casa de Igi, foi logo dizendo:

– Igi, abra um pouco a porta, para ver o que te trago.

Igi abriu a porta um pouco e, quando viu o coco, estendeu a mão para pegá-lo; nesse momento Àgbò o segurou e o colocou em uma enorme caixa, que carregou sobre sua cabeça para levá-lo até a casa de Ikú.

Òyá, que tinha tomado conhecimento da tramoia, escondeu-se e, quando viu Àgbò carregando Igi na caixa, fez brotar um grande redemoinho, que derrubou Àgbò e a caixa. Rapidamente Òyá tirou Igi da caixa, substituindo-o por nove pulseiras de cobre.

Àgbò seguiu seu caminho. Ikú esperava o amigo no local combinado, quando um forte vento, através do barulho que produzia, dizia:

– ÈṢÙ ÀWỌN ÒKÚTA MA LO ORÍTA LÁTI PÀDÉ IKÚ (Èṣù das Perdas que usa as esquinas para encontrar a morte).

Ikú desapareceu asssustado do local. Àgbò, não o encontrando lá, dirigiu-se à casa de Olódùmarè. Porém, ao chegar, Oníbodè, o porteiro de Olòdúmárè, esperava-o, mas Àgbò pressentiu algo ruim, não quis entrar e começou a dar passos para trás. O Deus Supremo, vendo que Àgbò não queria entrar, ordenou:

– MURELÉ, MURELE ÀMÚKÚN (Apresse-se, coco).

E os demais presentes gritavam:

– AGBO FIROLÓ, FURO AGBO, FIROLÓ, FIROLÓ, FIROLÓ, FURO.

Então Olòdúmárè amaldiçoou Àgbò:

– ÀGBÒ! SÀNGÓ ÀTI ẼGÚN GBÀ GÉGÉ BÍ ẸRAN FÚN ẸBỌ. EṢÙ NA GBÀ ẸJẸ̀ ÀGBÒ (Àgbò, Sàngó e Ẽgun passaram a te aceitar como oferenda animal. Èṣù também aceitará teu sangue).

Veja só, os três amigos viviam, comiam, dormiam juntos, porém não se furtaram a agir com hipocrisia e falsidade.

Observação: Essa lenda envolve:

- Olòdúmárè = Deus Supremo
- Ojú Ọ̀rún = Olhos do Céu
- Ikú = Morte
- Igi = Árvore (pau, madeira)
- Àgbò = Carneiro
- Okun = Corda
- Oníbodé = Porteiro dos Céus

2. "Ọ̀rúnmìlà passa a comer galinhas"

Certa época, Ọ̀rúnmìlà saiu em busca de um local em que houvesse algo diferente das demais coisas existentes na terra.

Após muito caminhar, chegou a um local em que só havia macacos, parou e perguntou:
– Qual o seu nome?
O macaco respondeu:
– Ẹdun.
Ọ̀rúnmìlà continuou a sua investigação junto ao macaco:
– E o da sua mãe?
– Ẹdun, também.
– E do seu irmão?
– Claro que é Ẹdun!

Ao verificar que todos se chamavam "Ẹdun", achou tudo muito igual e continuou sua busca. Quando chegou à terra dos elefantes e fez as mesmas perguntas que tinha feito na terra dos macacos, não gostou porque todos se chamavam "Àjànàkú".

Como até então não tinha visto nada parecido, pelo menos, com o que estava procurando, resolveu seguir seu caminho, quando se deparou com a terra dos cachorros. Pensando ser diferente, fez as mesmas perguntas, mas todos deram a mesmo a resposta: "Ajá".

Mais uma decepção acumulou, porém não desistiu de sua ideia fixa e finalmente se deparou com a terra dos galos. Foi logo perguntando:

– Qual é o seu nome?
– Àkùkọ!
Ọrúnmìlà:
– E tua mãe?
O galo com honra e glória:
– Minha mãe se chama Adiẹ.
Mais uma vez, Ọrúnmìlà:
– E seu pai?
Àkùkọ respondeu que tinham o mesmo nome.

Ọrúnmìlà ficou deveras interessado e pediu ao galo que o levasse à presença de seus pais. Quando Ọrúnmìlà chegou à casa do galo, foi recebido pela Adiẹ, que foi logo perguntando quem ele era. Ọrúnmìlà se apresentou e Adiẹ disse-lhe que não o convidava para entrar porque seu marido Àkùkọ não se encontrava, e que ele poderia continuar seu caminho.

Ọrúnmìlà agradeceu e, quando se preparava para sair da terra dos galos e das galinhas, viu Àkùkọ regressando ao lar e o cumprimentou. O galo então o fez voltar à sua casa, porém Adiẹ não gostou nem um pouco da presença de Ọrúnmìlà em sua casa e em tom severo disse:

– Se este homem ficar aqui, eu saio agora.

Àkùkọ disse que Ọrúnmìlà ficaria pelo tempo que quisesse em sua casa. Adiẹ, intransigente e irascível, foi embora.

Alguns dias depois, Adiẹ resolveu voltar para se vingar e trouxe vários ebú e começou a soprá-los em Àkùkọ. Ọrúnmìlà viu e em alto e bom som disse para o amigo Àkùkọ e seu filho:

– Você e seu filho serão sempre meus melhores amigos, porém não posso dizer o mesmo em relação a Adiẹ. E, para mostrar minha eterna gratidão, a partir de hoje passarei a comer galinhas.

Desde então Ọrúnmìlà come galinhas, de preferência pretas.

10) ODÙ ỌFÚN (ODÙ MAIOR)

PROVÉRBIOS:
1. "Ninguém sabe o que se esconde no fundo do mar."
2. "A sabedoria é a beleza refinada de uma pessoa."

SAUDAÇÃO:

Em yorùbá:
1. EBÙ PÚPÀ MA MÚ KÍ ÒFÚN JE AKÀN,
2. ÒFÚN MÁŞE ÍSE FÚN ÀWỌN ÈNÌYAN,
3. ÒFÚN MAŞE ẸBỌ.
4. ÒFÚN WÁ FÚN ENI TÍ O Ń JE AKÀN.
5. ÒFÚN WÁ FÚN AGBÁRA ŃLÁ,
6. ÒFÚN, FÚN ÌJÌNLÈ TÍ ẸDÁ TÍ O WÁ LÁIYÉ, TÍ WỌN KỌ́.

Em português:
1. Pó vermelho que faz com que Òfún coma caranguejo,
2. Òfún trabalha em turnos junto a todas as pessoas,
3. Òfún sempre faz oferendas.
4. Òfún faz parte das pessoas que comem caranguejo.
5. Òfún está para Grande Poder,
6. Òfún, para fundamentar os que vivem no mundo, ensinou a todos.

ADVERTÊNCIA:
Os rios secam, o mar jamais.

EM ÒFÚN NASCEM:
- a maldição
- o sentimento maternal
- os antiquários
- os museus
- a ressurreição
- as leis da Natureza que regem o homem e a mulher
- a oferenda a Ikú e a Ẽgun

ÒRÌŞÀ QUE FALAM:
Ọbàtálá, Òşun, Ọya, Òrúnmìlà, Òdùduwà, Şàngó, Ògún, Nàná, Ìrokò.

SIGNIFICADO DA CAÍDA:

Teimosia. Não gosta de trabalhar, mas ainda tem muito de lutar. Não fixa relacionamento afetivo. Òrìṣà já deu muito dinheiro ao consulente, porém este não correspondeu. Demora muito para conciliar o sono. Saúde delicada, procure um médico.

Fazem algo para prejudicá-lo.

Os projetos que o consulente desenvolve estão incompletos. O santero deve investigar profundamente por meio dos Odù, porque é provável que o consulente esteja sob efeito de magia ou já tenha sido realizado trabalho mágico para ele ou para alguma pessoa que está doente em sua casa.

Protege uma pessoa que é sua inimiga. Passa por dificuldades graves, não tem alimentos em casa e quem o ajuda não acredita no que diz e ainda calunia e propaga com a intenção de que não seja ajudado por ninguém. Envergonha-se porque alguém lhe arruinou a vida.

A casa em que mora é úmida e escura, existem coisas de mortos enterradas, ouvem-se ruídos estranhos e ainda por cima há um grande problema dentro dela, por isso a sorte encontra dificuldades para chegar até você.

O consulente desenvolvendo maledicências, ri e chora ao mesmo tempo, não se dá conta do que, de fato, está acontecendo e se pega várias vezes falando sozinho. A morte ronda a vida da pessoa. Não mantenha garrafas destampadas nem acúmulo de lixo.

Fortes cólicas e dores de barriga, amenorreia. Se o consulente for mulher e ainda é virgem, poderá ter transtornos no baixo-ventre ou mesmo na gravidez.

Possivelmente a pessoa tem uma filha que é ọmọ Ṣàngó ou Ọmọlú.

Gasta dinheiro em jogos, porém, em decorrência de uma maldição, sua sorte foi cortada. Pessoa com dificuldades de quitar prestação da casa em que mora. Risco de contrair doença e ficar de cama por algum tempo.

Nutre grande sentimento por um familiar.

Em seu corpo existe um sinal de nascença ou uma marca provocada por um acidente. De modo geral, as coisas têm um final ruim para você.

O consulente deve mudar de residência o mais rápido possível, pois esse local é extremamente negativo, traz muito sofrimento e isso pode lhe causar problemas psiquiátricos ou mesmo sua morte.

Cabeça ruim, necessitando de cuidados especiais.

A pessoa não deve investigar o que não lhe diz respeito; contenha seu excesso de curiosidade e não procure descobrir os segredos alheios.

Um familiar adoecerá gravemente. Alguma pessoa da família ou um grande amigo, que mora no campo, irá dar-lhe notícias de um morto distante.

Manter a casa limpa e não permitir que seja guardado nada embaixo da cama.

Guarde bem a chave de sua casa ou do escritório ou ainda de um cofre, pois alguém pode descobrir o que guarda e prejudicá-lo.

Evite aborrecimentos durante as refeições.

Criança doente em casa.

Nesse período não deve usar preto, visitar doentes ou ir a velórios.

Evite molhar-se na chuva, comer batata, milho e feijão branco. Quando estiver à mesa fazendo uma de suas refeições e a campainha de sua casa tocar, não se levante para atender. Sente-se muito cansado quando caminha. Já foi roubado por família ou amigos. Perigo de voltar a ser roubado. Cirurgia. Cuidar-se para não ser preso. Corte, de sua vida, bebida alcoólica e cigarro, pois lhe trarão problemas de saúde. Indícios de problemas sanguíneos. Não agrida ninguém com arma, pode sair como perdedor. Tendência a surgirem tumores pelo corpo. Perigo de morte. Evite ir a festas ou jantares ou ainda a locais que agrupam muitas pessoas, pois poderá passar por um grande vexame.

Na água há muitos redemoinhos, Òṣun diz que, se o consulente está em algum negócio, tem de abrir bem os olhos.

Observação: Quando sai o Odù Òfún, toca-se com as pontas dos dedos da mão direita o abdome e se inspira e expira devagarzinho. Em seguida, dissolve-se um àkàsà em um pouco de água junto com uma folha de lírio ou de bredo branco. Todos que estiverem no local bebem um pouquinho da mistura, o santero joga um pouco sobre Èṣù e oferenda o restante para Ọbàtálá. À noite, antes de recolher-se para descanso, despacha o àkàsà dissolvido na rua e diz:

– LÁRÓIYÈ, ÈṢÙ, FÚN GBOGBO OHUN ÀTI NIKÀNKÍKAN TÀBÍ OHUN TÓ ṢỌ NÚ (Salve-me, Èṣù, de todo e qualquer dano ou perdas).

RECOMENDAÇÃO DE IFÁ:

Pagar o que se deve a um Òrìṣà.
Devocionar-se a Òṣun e Ọmọlú.
Iniciação no culto ao Òrìṣà Ọlori.
Iniciação no culto à Òrúnmìlà.

ẸBỌ̀ DO ODÙ Ọ̀FÚN:

Finalidade: Limpar o caminho da pessoa para que ela tenha êxito em seus projetos profissionais e haja melhoras em suas relações interpessoais.

Material necessário:

- **Primeiro Ẹbọ**
  - um galo branco (àkùkọ fúnfún)
  - uma galinha branca (adiẹ fúnfún)
  - crina de cavalo (iru ẹṣin)
  - ẹfún
  - orí
  - àkàsà

- **Segundo Ẹbọ**
  - um lençol branco (ala Fúnfún)
  - dois pombos brancos (ẹiyẹlẹ fúnfún)
  - óleo (epò)
  - caramujo (ìgbín)
  - milho branco, cozido (egbo)
  - ẹkọ́ (àkàsà)
  - dois peixes de água doce (ẹja odò)

REFLEXÃO DO ODÙ Ọ̀FÚN:

Em yorùbá:
1. IKÚ FA ÌRÀPADÀ, OHUN GBOGBO NÍ TI ÒRÌṢÀ. IKÚ NÍFA ÌYAPA.
2. ÀLÁIFÀ NÍNÚ ẸBÍ.
3. TÓJÚ ARA RẸ KO TÓ LO ÌPARA. ẸNI TÍ KÒ FẸ́ A WÀ BÉNÁNI.

Em português:
1. A morte resgatou sua liberdade. Tudo o que existe é do Òrìṣà. A morte e o Òrìṣà são separados.
2. A maior meta é unir a família.
3. Limpe seu corpo. Aquele que, mesmo que não queira, o verá.

LENDA DO ODÙ ÒFÚN:

1. "A loucura de Olú e Owú"

    Olú e Owú haviam cometido um delito e acreditavam que, se fingissem ser loucos, não seriam punidos; então, resolveram fazer algo para que ninguém duvidasse de sua "loucura".

    Depois de muito pensar, foram para a rua. Quando caminhavam por um local, viram um casebre e dele logo se aproximaram, empurraram a porta e se depararam com um homem bêbado. Olú e Owú resolveram ali mesmo provar a "loucura" que os acometia. Diante do casebre, fizeram uma fogueira recheada de palha seca, bem perto da porta. Acenderam a fogueira e começaram a dançar cantando coisas desconexas. De repente o fogo se espalhou e a casa se incendiou rapidamente. Os moradores das redondezas, ao verem as labaredas muito altas, foram para o local, encontraram Olú e Owú dançando e cantando enquanto o fogo consumia o casebre e o bêbado.

    Os moradores tentaram parar os homens, mas não conseguiram, pois de fato eles tinham, verdadeiramente, enlouquecido.

2. "Ọbàtálá, Èṣù e o Emú"

    Ọbàtálá governava uma aldeia e estava muito preocupado porque seu povo vivia entristecido, nada o alegrava. Decidiu plantar uma muda de palmeira que havia recebido de presente e quem lhe dera garantira que a tal planta trazia alegria e felicidade. Ọbàtálá foi plantar a muda, começou a cavar e de repente houve um estrondo e de dentro da terra surgiu Èṣù, que lhe disse:

    – O que vais plantar trará alegria, felicidade, mas também tem o poder de tornar os homens viciados, brigões, tristes e infelizes.

    Após novo estrondo, Èṣù desapareceu. No dia seguinte pela manhã, Ọbàtálá voltou ao local onde plantara a palmeira e constatou que a muda proliferara e todos os pés cresceram e estavam carregados de frutos. Gritou para que todos os seus comandados se dirigissem ao local. Ao chegar, surpreenderam-se com a plantação e se puseram a colher os frutos, depois os pilaram para colher o líquido. Começaram a beber e gostaram muito. Uns beberam um pouco e sentiram-se felizes e alegres, outros sentiram tristeza e infelicidade e alguns brigavam por nada.

    Ọbàtálá, diante do que Èṣù lhe falara, invocou-o para pedir ajuda. Novamente Èṣù saiu de dentro da terra:

– Para que me chamas?
Ọbàtálá, aflito:
– Tudo o que me disseste está acontecendo, o que faço agora?
Èṣù gargalhou estridentemente:
– Ora, Ọbàtálá, tu não és o Todo-Poderoso? Só tu sabes resolver a situação.

Desapareceu rapidamente, deixando Ọbàtálá mais aflito ainda. Porém, antes de desaparecer, fez com que todas as pessoas voltassem ao seu estado normal e não se lembrassem do que havia lhes acontecido, só sabiam que a alegria e a felicidade os faziam sentir-se muito bem.

Desde então, Èṣù acompanha Ọbàtálá em todos os momentos.

11) ODÙ ỌWỌ́RÌN (ODÙ MENOR)

PROVÉRBIOS:

1. "Tartaruga e veado não podem caminhar juntos."
2. "O mal que se faz, sobre nós cairá."

SAUDAÇÃO:

Em yorùbá:
1. OLÙTÓJÚ OGBÀ JẸ́KÍ ÀLÁFÍÀ JẸ́ AGBÁRA ŃLÁ RẸ̀,
2. GẸ́GẸ́ BÍ ÁDÍE NI ỌWỌ́RÍN NṢE.

Em português:
1. O jardineiro faz da paz seu grande poder,
2. Como a galinha de Ọwọ́rìn faz.

ADVERTÊNCIA:

O agradecimento é a memória do coração.

NESTE ODÙ NASCEM:

– as rochas
– a conquista
– a celebridade

- a diplomacia
- os fenômenos espirituais

ÒRÌṢÀ QUE FALAM:
Ọbalúaiyé, Ọ̀ṣún, Ọ̀yá, Ọdẹ́, Èṣù, Ẽgún.

SIGNIFICADO DA CAÍDA:
Perseguição de Ẽgún, pois lhe fez pedidos; conseguiu, porém não o pagou.

Filho de Èṣù. Mau caráter. Não use armas, não jogue, não trapaceie.

Pensa em tudo ao mesmo tempo, tem de averiguar o que de fato quer para ficar tranquilo.

Dívida com o Òrìṣà Ọ̀ṣún, que está de olho em você.

Problemas variados, sem paradeiro, carência de muitas coisas. Quando se aborrece, em casa, tenta se impor, porém isso lhe trará sérios problemas. Seus sonhos o assustam, pois aparecem pessoas más e coisas estranhas.

Em algum lugar assistiu à queda de um raio; nesse local há uma pedra do raio (ẹdun ara).

Inimigos ocultos o impedem de respirar. Mora em uma casa muito úmida, mude-se ou ficará doente.

Evite permanecer em esquinas, alguém pode cometer um delito e a culpa recair sobre você.

Não segue as recomendações que lhe são dadas e isso faz com que atrase alguns aspectos de sua vida.

Seu caráter violento poderá lhe trazer graves problemas.

Procure respeitar seu semelhante.

Evite discutir com qualquer pessoa, muito menos com desafetos, em hipótese nenhuma consuma bebida alcoólica. Domine sua língua.

Se após recolher-se, à noite, para o descanso diário alguém bater à sua porta, só atenda depois de identificá-lo.

Evite fazer comentários sobre os desejos que desperta em seu marido.

Risco de ser preso por algo que lhe fizeram.

Momento de interiorizar-se. Uma mulher que você conhece é sua inimiga.

Pode ser ferido equivocadamente. Amaldiçoado. Fazem de tudo para mantê-lo intranquilo em todos os sentidos.

Procure não andar em grupos nem ficar até tarde da noite na rua.

Se pretende viajar para o campo, por ora suspenda a viagem.

Caminho de doença. Se a pessoa de que gosta estiver doente, não fique inútil, ajude-a.

Não separe duas pessoas que estão afetivamente envolvidas. Não namore mulher comprometida, poderá ter problemas judiciais. Tentam lhe imputar um filho.

Tenha muito cuidado com envolvimento com mulher, pode ser uma armadilha.

No estado emocional e espiritual em que se encontra, poderá provocar uma desgraça dentro de sua própria casa. Se baterem em sua porta pedindo comida, não negue.

Não se vingue, Ọyá e Èṣù farão por você.

Nessa caída, Ọwọrìn adverte que, se a pessoa estiver doente, corre risco de ficar inutilizada. Guarda, em sua casa, objetos de pessoas que já morreram.

Chegará à casa do consulente uma visita surpresa.

Observação: Quando o Odù Ọwọrìn pare no jogo, os búzios são lançados dentro d'água e esta na rua. Oferenda-se Èṣù com galo vermelho, peixe e óleo de dendê, objetivando cortar a chegada da polícia na casa, mesmo que seja só uma visita.

RECOMENDAÇÃO DE IFÁ:

Pague Ẽgun e Ọṣún.
Bọri.
Oferendar aos Òrìṣà com os quais está em falta.
Oferendar Èṣù com àkàsà, peixe fresco, óleo de dendê, ori e milho torrado.
Devocionar-se junto a Ṣàngó e Ọbalúaiyé.

ẸBỌ DO ODÙ ỌWỌRÌN:

Finalidade: Propiciar tranquilidade, calma e cabeça fria. Eliminar energia negativa oriunda de morto.

Material necessário:

- **Primeiro Ẹbọ**
    - uma garrafa (ìgò)
    - água (omi)
    - cachaça (otí fúnfún)
    - onze agulhas (abẹ́rẹ́)

- panela (ìkòkò)
- tábua de Ifá (ọpọ́n)
- dois galos vermelhos (àkùkọ púpà)

• **Segundo Ẹbọ**
- dois galos (àkùkọ)
- dois favos de mel de abelhas (afárá oyin)
- linha branca (òwú funfun)
- linha preta (òwú dudu)
- uma navalha (ọ̀bẹ farin)

REFLEXÕES DO ODÙ ÒWỌRÌN:

Em yorùbá:
1. ÒTÒ LẸNI TÓ DÁRÀN, ELÒMÍRAN LÓ GBÈBI.
2. ÌPAYÀ NÍTORÍ ÌTÌJÚ ŃLÁ.
3. ÒGÙN ŃBẸ, ṢE ẸBỌ PẸ̀LÚ ẸYẸLẸ́ MÉJÌ.
4. JẸ́ AKỌNI LÁTI BORÍ ÒGÙN.

Em português:
1. Um comete o delito, o outro é culpado.
2. Há uma ameaça de uma vergonha maior.
3. Há remédio, faça ẹbọ com dois pombos.
4. Empunhar a bandeira e ganhar a guerra.

LENDA DO ODÙ ÒWỌRÌN:

1. "Olúwolé, o sábio"

Em uma certa aldeia havia muitos sábios, porém nenhum tinha tido professor e por isso não ensinavam nada. Como eram presunçosos, acreditavam que, se não tinham aprendido com alguém, não eram obrigados a ensinar nada.

Dentre eles, encontrava-se Olúwolé, que não compartilhava da ideia dos demais e tinha certeza de que, se não passasse para ninguém o que aprendera, mesmo que o tivesse feito sozinho, não adiantaria ter adquirido conhecimento. Procurou então um aprendiz durante muito tempo e, quando o encontrou, disse-lhe:

– Meu filho, para saber é necessário aprender, portanto te ensinarei tudo que aprendi nesses anos todos.

Olúwolé começou então a ensinar o aprendiz e aproveitou para confessar:

– Desde pequeno não faço outra coisa na vida que não seja aprender. Os antigos sábios não sabiam que eu me escondia para ouvi-los e dessa maneira aumentava meus conhecimentos. Agora que só resta eu, resolvi buscar alguém que quisesse aprender e, no futuro, tornar-se um sábio. Se eu não pensasse assim, quando eu morresse, no mundo não iria existir mais nenhum sábio; portanto, aproveita esta chance que te dou e procura aprender o máximo que puderes, meu pequeno aprendiz.

Alguns anos depois, Olúwolé partiu feliz porque o aprendiz de ontem era o sábio que iria ocupar seu lugar e também procuraria um novo aprendiz.

2. "Bọ́lá, a filha da liberdade"

Em uma pequena cidade, moravam Bọ́lá e seus pais. Bọ́lá era muito bonita; seus pais deixavam-na fazer tudo o que queria, não tinha regra para nada, sua liberdade era irrestrita. Ao atingir 18 anos, Bọ́lá não achava graça em mais nada na vida e passou a embriagar-se diariamente, pois era a única coisa que lhe dava prazer.

Certo dia, o rei da cidade saiu para cumprimentar o povo, porém uma chuva forte desabou e sujou as roupas dele, que eram de cor branca. Bọ́lá já estava embriagada quando viu o rei e começou a rir por estar todo sujo. O rei, irado, mandou seus guardas prenderem-na; porém, um rapaz que era apaixonado por ela interveio, dizendo ao monarca que aquela mulher estava embriagada, que ela não fizera aquilo porque quisesse, mas sim porque estava completamente alterada. O rei entendeu o que o jovem lhe disse e mandou seus guardas soltarem Bọ́lá, que agradeceu muito ao rapaz e prometeu a si mesma que daquele momento em diante não tomaria mais nenhuma bebida alcoólica, pois estava envergonhada pelo comportamento que vinha tendo, principalmente diante do rei.

12) ODÙ ÈJÌLÁ ṢẸBỌRA:

PROVÉRBIOS:
1. "Quem mais sabe é o tempo."
2. "Quando há guerra, o soldado nunca dorme."

SAUDAÇÃO:

Em yorùbá:

1. ÈJÌLÁ ṢẸBỌRA, ỌMỌ ÀGÀNJÚ, ÌYÁ PÀTÀKÌ,
2. OHUN PÀTÀKÌ LARIN IKÚ, ÌYÁ RERE LARIN OHUN TÓ SSONÙ.
3. ÌYÁ RERE. PÀTÀKÌ LARIN ẸYỌ OWÓ.
4. ÌYÁ ONÍNU IRE.
5. PÀTÀKÌ LARIN OHUN GBOGBO.

Em português:
1. Èjìlá Ṣẹbọra, filho de Àgànjù, Mãe da Excelência,
2. Excelência da Arena da Morte. Mãe Excelente da Arena das Perdas.
3. Mãe de Ótima Excelência da Arena dos Búzios.
4. Mãe de Boa Excelência.
5. Excelência da Arena da tarde.

ADVERTÊNCIA:
Os mortos trabalham à noite.

NESTE ODÙ NASCEM:
- o cabrito
- o periquito
- os sonhos
- a elefantíase
- os furúnculos

ÒRÌṢÀ QUE FALAM:
Ṣàngó, Ágànjú, Ọrúnmìlà, Ògún, Ọbàtálá, Osanyin, Ìbèjì.

SIGNIFICADO DA CAÍDA:

O consulente é filho de Ṣàngó e recebe por parte dele grande proteção. Deve ter muito cuidado com jogo e problemas de justiça, por estar envolvido em negócios ilícitos.

Há dinheiro para receber que tornará a vida bem melhor, mas para que isso aconteça tem de se devocionar a Ṣàngó. Não amaldiçoe ninguém, não blasfeme, não seja rancoroso nem violento.

Sonha, com frequência, que está ensanguentado ou vê muito sangue ao seu redor ou ainda que é devorado pelo fogo.

Muitos inimigos e alguns lhe prepararam uma armadilha para arruiná-lo moral e materialmente. Depois de passar por várias situações incômodas é que aceitará o fracasso.

Como a soberba faz parte de sua personalidade, acredita que sabe muito, porém nada sabe.

Está sob efeito de magia maléfica.

Se o consulente é homem, deve redobrar o cuidado sobre o que bebe, pois uma das mulheres com quem tem evolvimento afetivo quer lhe causar dano. Embora tenha muitas mulheres, vai sempre em busca daquela que considera "principal".

Na casa da pessoa há alguém que lhe tem asco e repugnância. Está sempre falando mal dos Òrìṣà. Evite. A teimosia é tanta que faz com que perca muitas coisas boas na vida. Extremamente vaidosa. Quando quer ser engraçada, faz brincadeiras desagradáveis, causando constrangimento.

Há um amigo que já se sacrificou muito pelo consulente, apenas por gostar muito dele; porém, por ser nobre, não gosta de comentar sobre isso.

Foi enganado em uma herança. É temerário e às vezes comete imprudências por ser tão franco.

Está muito mal-intencionado em relação a uma pessoa, inclusive quer machucá-la fisicamente; não faça.

Não deixe que discussões o façam tomar decisões precipitadas.

Não faça comentários que dizem respeito a um morto.

Está metido em coisas ruins e pode sair ferido.

Se o consulente é homem, tem de tomar muito cuidado com uma mulher que quer prendê-lo do lado dela de qualquer maneira. A maioria dos problemas que tem é causada por mulheres, porque gosta mais delas quando são comprometidas.

Não calunie ninguém, só fale sobre alguém quando tiver certeza de que pode provar.

A cama em que dorme deve mudar de posição para que tenha um sono mais tranquilo.

Relações extraconjugais provocando sérios problemas.

Não use roupas de outra pessoa nem listradas. Não emprenhe pelos ouvidos.

Vista-se mais vezes com roupas brancas.

Por esses dias que se seguem, mude o caminho que faz diariamente para ir ao trabalho, à escola ou outra atividade. Estão lhe espreitando para atacá-lo.

Observação: Quando Èjìlá Ṣẹbọra pare na mesa de jogo de búzios, este é jogado ao chão e aspergido com água.

RECOMENDAÇÃO DE IFÁ:

Devocionar-se a Ṣàngó e Òṣún.
Oferendar Ọbàtálá.
Refrescar a cabeça com omiẹrọ.
Receber ilẹkẹ de Ṣàngó e Ọmọlú.
Cumprir o mais rápido possível o que prometeu a Ṣàngó.

ẸBỌ DO ODÙ ÈJÌLÁ ṢẸBỌRA:

Finalidade: Limpar-se diante de Ṣàngó, para que os caminhos se abram para as coisas boas que a vida pode dar.

Material necessário:

- **Primeiro Ẹbọ**
  - quiabos (ilá)
  - couro de carneiro (àgùtàn)
  - preá (ẹkun)
  - òrí (shea butter)
  - feijão-fradinho (ẹ̀wà tiro)
  - uma bandeja pequena (tírè kékeré)
  - corda (òkun)
  - pano branco (aṣọ fúnfún)
  - pano vermelho (aṣọ púpà)
  - dois galos vermelhos (àkùkọ púpà)

- **Segundo Ẹbọ**
  - um galo branco (àkùkọ fúnfún)
  - dois pombos brancos (ẹiyẹlé fúnfún)
  - pano branco (aṣọ fúnfún)
  - pano vermelho (aṣọ púpà)
  - àmàlà
  - àkàsá
  - obí

- peixe fresco (ęja tútú)
- óleo de dendê (epó púpà)

REFLEXÕES DO ODÙ ÈJÌLÁ ŞĘBÔRA:

Em yorùbá:
1. ÒRÒ ÒRÚNMÌLÀ KÒ NÍ KOJÁ LÁÌŞE.
2. ÀSÍRÍ EBÍ, ÒPÒ, ÌBÀNÚJĘ́.
3. O GBA ÌTÌJÚ LÒNÍ, ỌLÁ YIO JĘ́ ỌJỌ́ ÌYÌN.
4. ÌWÀ TÓ DÁRA NI ỌNÀ ÀKỌ́KỌ́ FÚN ÌDÙNNÚ.
5. IKÚ ÒJIJI ŞẸLÉ KÓ TÓ DI ÌPARÍ ỌDÚN.
6. ÀGBÒ MÉJÌ KÍ MU OMI NÍ GBÀ KAN PỌ̀. ONÍGUN MÚ MÉJÌ KÍ JÈTÈ.

Em português:
1. A palavra de Ọ̀rúnmìlà nunca vai ao chão.
2. Segredos familiares. Complexos. Tristezas.
3. Hoje está sendo depreciado, amanhã será exaltado.
4. Mudar o caráter é o primeiro passo para ser feliz.
5. Antes que termine o ano, morrerá alguém na casa. Vida curta.
6. Dois carneiros não bebem água na mesma vasilha. Dois bicudos não se beijam.

LENDA DO ODÙ ÈJÌLÁ ŞĘBỌRA:

1. "Àgànjú é traído por Şàngó"

Àgànjú era rei de uma grande cidade, fazia tudo que podia para que seu povo fosse feliz.

Şàngó era o principal assessor de Àgànjú e fazia a cobrança dos tributos que ele estipulara para as cidades que haviam guerreado com ele e perdido. Esses tributos eram pagos por meio de grandes carregamentos de comida.

Şàngó, movido pela inveja que sentia pelo rei, resolveu sabotá-lo para que o povo se revoltasse contra Àgànjú. Elaborou vários planos, mas corria risco de ser descoberto se resolvesse implantar algum. Porém, nesse exato dia, começaram a chegar os alimentos à cidade. Şàngó pensou que, se os alimentos fossem roubados, não chegariam ao povo e assim Àgànjú poderia ser destronado caso ele, Şàngó, "descobrisse" onde os alimentos tinham sido escondidos, e o povo passaria a vê-lo como um herói e o tornaria rei da cidade.

Mandou chamar seu empregado de confiança e o pôs a par do plano, determinando que ele comandaria um grupo de seis homens para praticar os roubos. Assim aconteceu. A comida começou a faltar e o povo passou a reclamar junto a Àgànjú, que convocou Şàngó para saber o porquê da situação. Este lhe disse que os barcos não chegavam com a comida e ele não sabia mais o que fazer para que os tributos fossem pagos.

Depois de ouvir as explicações de Şàngó, Àgànjú convocou, sem que ninguém soubesse, a presença de Èşù, o qual lhe disse que prepararia uma armadilha para pegar quem estava boicotando seu reinado.

Èşù reuniu alguns guardas de Àgànjú e determinou que ficassem escondidos para descobrirem o que de fato estava acontecendo. Os guardas se colocaram em pontos estratégicos; alguns dias depois chegaram três embarcações cheias de alimentos, rapidamente Şàngó e seus comparsas descarregaram os barcos e levaram tudo para um esconderijo na floresta. Assim que Èşù soube o que Şàngó fazia, contou em detalhes para Àgànjú e preparou uma armadilha.

Assim aconteceu: Şàngó foi desmascarado e expulso, com seus comparsas, da cidade onde Àgànjú era o maior e melhor rei do mundo.

2. "Adétúndé, a flecha e o trono"

Em priscas eras, havia um rei que tinha dois filhos; um deles, Adétúndé, era considerado "ovelha negra", pois não queria ter responsabilidade nenhuma, vivia brincando, zombando das pessoas e caçando por esporte.

Certo dia, seu pai, muito aborrecido com as reclamações que recebia sobre Adétúndé, resolveu chamar todos os filhos, inclusive ele, para comunicar-lhes que iria abdicar do trono em favor daquele que caçasse um elefante e provasse.

Adétúndé, como não gostava de trabalhar e queria tudo pronto, resolveu ir consultar-se com Òrúnmìlà; este lhe prescreveu um ębǫ e preparou-lhe uma flecha multicolorida.

Adétúndé, após o ẹbọ, foi para a floresta, porém não conseguiu caçar um elefante e resolveu voltar para a cidade. No caminho de volta avistou um elefante, escondeu-se, esperou o paquiderme se aproximar e atirou sua flecha encantada: o enorme animal tombou sem vida. O caçador logo pensou como iria levar a presa para provar sua façanha; tentou de tudo, porém desistiu e continuou seu caminho de volta para casa muito contrariado.

Um de seus irmãos vinha passando pelo local quando viu o elefante morto com a flecha em seu corpo, imediatamente a sacou e levou à presença de seu pai, e indicou o local exato onde "abatera" o elefante. Comprovado o ato, o rei marcou a data da entronização do filho e ordenou que fosse feita uma grande festa.

Os preparativos começaram. Adétúndé foi avisado por Ọbàtálá do que estava acontecendo, porque o Deus da Criação sabia que o irmão de Adétúndé não tinha caçado nenhum elefante e mandou que Adétúndé fosse à presença de seu pai e exigisse que a justiça fosse feita.

Embora desconfiado, o rei ouviu o que Adétúndé lhe relatara e acatou a ideia de reunir todas as flechas existentes em seu reino. Assim foi feito. Dentre todas as flechas, encontrava-se a que Ọ̀rúnmìlà preparara para Adétúndé, que imediatamente a mostrou ao pai, que pôde certificar-se da veracidade do relato do filho. Dessa forma abdicou do trono em favor de Adétúndé, que, a partir desse episódio se tornou o melhor rei daquela época.

ATENÇÃO:

Pela tradição afro-cubana, aqui se encerram os odù do jogo de búzios que podem ser interpretados pelos santeros, pois, como já vimos, os demais estão vinculados ao conhecimento dos bàbáláwó.

Quando o santero está jogando, deve informar ao consulente sobre essa convenção e, se por acaso cair um dos Odù, Èjì Ológbọ̀n, Ikà, Ọgbè-ogundá ou Àláfià em osobo, deve ser providenciado um ẹbọ emergencial para que a pessoa possa chegar à casa de um bàbáláwó.

Porém, neste trabalho, vamos continuar normalmente a abordagem sobre os últimos quatro Odù de Ifá, que em Cuba são chamados, pelos santeros, de Mẹ́tanlá, Mẹ́rinlá, Márùnlá e Mèrìndìnlógún.

13) ODÙ ÈJÌ-OLÓGBÒN (ODÙ MAIOR) (MẸTANLÁ)

PROVÉRBIOS:
1. "O tempo leva à morte e a morte põe ordem em tudo."
2. "O Sol nada pode contra a sombra."

SAUDAÇÃO:

Em yorùbá:
1. ẸSẸ̀ KAN LÓRÍ ILẸ̀, ÒKAN NÍNÚ ÒKUN.
2. ÈMÍ GÚNGÙN, JỌBA LÓRÍ IKÚ.
3. ÌTÀNJẸ, ÌWÀ KÍWÀ, ÈRÒKERÒ.
4. ÀPATÌ, FA AILÁBÒ FÚN ẸBÍ.

Em português:
1. Um pé na terra, outro no mar.
2. Vida longa. Domina a morte.
3. Sedução. Loucura. Obsessão.
4. Abandono, insegurança paternal.

ADVERTÊNCIA:
És pó e ao pó voltarás, porque dele te originas.

NESTE ODÙ NASCEM:
- a longevidade
- a inércia das águas
- a noite trevosa
- a coruja
- a mortalha

ÒRÌṢÀ QUE FALAM:
Ọbalúaiyé, Òṣún, Odúdúwà, Osanyin, Ọ̀rúnmìlà, Ọdẹ, Náná, Ṣàngó, Ọbàtálá, Ikú.

SIGNIFICADO DA CAÍDA:

Problemas sanguíneos e tumefações por todo o corpo. Dívida com Èṣù. Situação muito ruim. Se puder, morar em lugares altos. Nesse momento, seria melhor que vivesse no campo. Consulente sendo iniciado no culto aos Òrìṣà deve ter cuidado para não perder atributo do assentamento do Òrìṣà Qlọrí. Cirurgia. Problemas infecciosos na garganta e no ouvido. Pague o que deve a Ọmọlú o mais rápido possível ou se envolverá em problemas judiciais. Gravidez com anormalidades. Vítima de maldição. Rompimento de sociedade. Conflitos generalizados. Máscaras caem. Alucinações. Mesquinharia, levando o consulente a situações desagradáveis. Caminho de bàbálàwó para salvar-se.

RECOMENDAÇÃO DE IFÁ:

Oferendar Èṣù Ọ̀ná, Ọmọlú e Òrìṣà Qlọrí. Ẹbọ para eliminar maldição.
Oferendar Ọ̀ṣún. Ẹbọ para saúde.

ẸBỌ DO ODÙ ÈJÌ ỌLÓGBÓN:

Finalidade: Cortar caminho negativo, influências astrais maléficas, maldição, doenças.

Material necessário:

- **Primeiro Ẹbọ**
    - um cabrito (òbúkọ)
    - duas galinhas pretas (adiẹ dúdú)
    - óleo de dendê (epọ púpà)
    - èkọ (àkàsà)
    - milho branco (àgbàdọ fúnfún)
    - ẹfun
    - ọsun
    - wãjí

- **Segundo Ẹbọ**
    - dois galos brancos (àkùkọ fúnfún)
    - um pombo branco (ẹiyẹlẹ́ fúnfún)
    - peixe defumado (ẹja)
    - pimenta-da-costa (atare)
    - milho torrado (àgbàdọ)

- mel de abelhas (oyin)
- óleo de dendê (ẹpọ púpà)
- cachaça (otí fúnfún)
- coco ralado (àgbọn)

REFLEXÃO DO ODÙ ÈJÌ ỌLÓGBỌ́N:

Em yorùbá:
1. ÌWO NI ỌTÁ ARÀRE NÍ GBÀ MÍRÀN.
2. KÒ WÙ WÁ LÁTI SE, SÙGBÓN OKÁN DANDAN.
3. ẸNI SỌ ORÍ NÙ, KÒ NÍ ẸMÍ BÓ SE WÙ KÓ TÓJÚ ORÍ TÓ.
4. TABAJỌ MỌ ÀSSÍRÍ, KÒ SÍ ÀSÍRÍ MỌ́, Ó DI OHUN TÓ SONÙ.
5. IFÁ JẸ́ OHUN ALÁGGBÁRA TÓ FIWÀ KÁRÍ AIYÉ, ÒTÍTỌ́ MI OHÙN IFÁ, TÓ FI DI DÀBÍ ILÉ ÌJỌSÌN ŃLÁ.

Em português:
1. O inimigo, muitas vezes, é você mesmo.
2. Algumas vezes não gostamos do que fazemos, mas somos obrigados a fazer.
3. Quem perde a cabeça, perde a vida; portanto, cuide da cabeça.
4. Quando o segredo é compartilhado, deixa de ser segredo, torna-se perdido.
5. Ifá é tão poderoso que está no mundo todo. A palavra de Ifá é uma verdade como um templo.

LENDA DO ODÙ ÈJÌ ỌLÓGBỌN:

1. "A plantação de coco"

   Ayọ̀ọlá era vendedor de epô púpà no mercado de sua cidade e todos os dias tinha de cruzar uma plantação de cocos para chegar ao local de trabalho. Quando voltava para sua casa, comumente se sentava aos pés de um determinado coqueiro, descansava um pouco e depois seguia para o aconchego de seu lar, onde mulher e filhos o esperavam.

   Certo dia, Ayọ̀ọlá muito se aborrecera e resolveu ir mais cedo para casa e mais uma vez sentou-se aos pés do coqueiro de sempre, só que dessa vez pediu que o amigo lhe desse um coco para que ele tomasse a água e assim se acalmaria; porém, a dona do coqueiral ouviu o pedido e, como era extremamente egoísta, disse que nenhum coco seria tirado do pé, porque todos eram dela e ninguém podia retirá-los.

Ayọ̀ọlá disse que pagaria, mas a mulher não aceitou. Entristecido e mais aborrecido ainda, o vendedor foi embora para sua casa.

No dia seguinte, como sempre fazia, Ayọ̀ọlá foi trabalhar e, quando se aproximou da plantação de cocos, qual não foi sua surpresa ao ver o local devastado pelo fogo e a dona gritando como se fosse louca, repetindo: "Não deixei ninguém colher coco, nem eu mesma, e agora nem eu nem ninguém pode pelo menos apreciar a beleza dos pés de coco. Nunca mais agirei com egoísmo, formarei outro coqueiral e dessa vez o mundo poderá aproveitar a água e a polpa dos cocos".

2. "A desobediência de Ọbalúaiyé"

Em tempos idos, Ọbalúaiyé era um dos Òrìṣà mais teimosos e desobedientes do panteão yorùbá. Por várias vezes, Ọbàtálá o havia repreendido e ao mesmo tempo aconselhado para que organizasse sua vida. Porém Ọbalúaiyé não atendia ninguém, tinha várias mulheres, bebia muito emú e não havia uma festa à qual não comparecesse.

Certo dia, Ṣàngó encontrou-se com ele e o advertiu de que Ọlọ́dùmarè estava de olho nele, mas nem assim Ọbalúaiyé diminuiu seu ritmo de vida. Ọlọ́dùmarè avisou a todos os Òrìṣà que os queria, todos juntos, em seu palácio em um dia de segunda-feira, de Lua Nova. Todos, menos Ọbalúaiyé, que preferiu ir para uma festa, cumpriram a ordem do Deus Supremo, que, ao vê-los reunidos, disse:

– Ọbalúaiyé é o único que não cumpre minhas ordens, vários avisos lhe foram dados, porém sua teimosia e desobediência muito me aborrecem; portanto, a partir de hoje, terá seu corpo todo marcado por erupções que jamais cicatrizarão e por isso terá de usar palha para cobrir-se da cabeça aos pés e não poderá mais viver irresponsavelmente, como fez até agora.

A partir de então, Ọbalúaiyé tem de cobrir-se de palha para que as pessoas não se assustem com seu aspecto.

14) ODÙ ÌKÁ (ODÙ MAIOR) (MẸRINLÁ)

PROVÉRBIOS:

1. "A orelha não pode passar a cabeça."
2. "A cabeça no céu e os pés na terra."

SAUDAÇÃO:

Em yorùbá:

1. ỌGBÓN, ÌMÒ NI FÚN NI LÁGBÁRA.
2. AGBÁRA ÀTI TOKÀN SSE LÁTI SSE ORÍRE.
3. KÓ SÍ ENI TÓ LÓ LÓGBÓN TÁN.
4. GBAÌSSORO ẸLÒRÍRÀN, FUN NI ÌYÀNJÙ, ÌFỌKANBALÈ.
5. ÌPINLÈ, ÀBÁYỌ.

Em português:

1. Elevada espiritualidade. Sabedoria e inteligência.
2. Força e vontade para conseguir alcançar êxito.
3. Deve ser lembrado que não se sabe tudo e que qualquer um pode aprender.
4. Compreender as dificuldades do outro. Aconselhar. Compaixão.
5. Planejamento. Condicionamento. Soberba.

ADVERTÊNCIA:

Não se prega moral, pratica-se.

NESTE ODÙ NASCEM:

- a feitiçaria
- a maldade
- as costas
- a clavícula
- o desapego familiar
- a aversão à criança

ÒRÌSSÀ QUE FALAM:

Osanyin, Ògún, Iyẹmọja, Ọbàtálá, Ìbèjì, Ṣàngó, Nánà, Ọrúnmìlà, Ìrókò.

SIGNIFICADO DA CAÍDA:

Problemas de saúde na região do baixo-ventre; risco de se envolver com alguém, porém tem de ter muito cuidado, pois pode ser muito ruim para o consulente.

Se não tem filhos, está perto de tê-los.

Se a consulente é mulher, deve dar mais atenção a um homem próximo a ela, pois ele trará felicidade à vida dela. Embora goste muito de tudo que se relaciona ao Espiritismo, este não é o caminho que você irá desenvolver. Passa por grandes dificuldades em casa, porém Iyẹmọja ainda o ampara. Evite visitar doentes, não é bom para você. Caminho de doença, podendo ficar acamado. Nesse Odù é proibitivo guardar volumes debaixo da cama e pacotes amarrados.

O Òrìṣà Ọlọ́rí dessa pessoa é Èṣù.

Ọṣún é o Òrìṣà que irá se responsabilizar pela recuperação da saúde do consulente. Facilidade em visualizar o futuro. Capacidade analítica de precisar a solução de um problema.

RECOMENDAÇÃO DE IFÁ:

Oferendar Òrìṣà Ọlọ́rí. Limpar-se diante do Òrìṣà Ọṣún. Agradecer Iyẹmọja por meio de sacrifício cruento. Ẹbọ diante de Èṣù Ònà. Bori. Evitar comer carne bovina, suína, ovos e feijão vermelho.

ẸBỌ DO ODÙ ÌKÁ:

Finalidade: Fortalecer astralmente a pessoa para que ela possa superar as adversidades impostas pela vida. Melhoras físicas.

Material necessário:

- **Primeiro Ẹbọ**
  - um peixe defumado (ẹja)
  - uma cotia defumada (ẹkun)
  - óleo de dendê (epọ púpà)
  - mel de abelhas (oiyn)
  - manteiga de cacau (bọ́tà ti kòkó)

- ẹfun
- melão (férègédé)
- cachaça (oti fúnfún)
- sete peixes frescos (ẹja tútú)

• **Primeiro Ẹbọ**
- treze espigas de milho (àgbàdọ)
- óleo de dendê (epọ púpà)]
- azeite de oliva (epọ)
- mel de abelhas (oyin)
- cachaça (oti fúnfún)
- um peixe fresco (ẹja tútù)
- pimenta-da-costa (atare)
- um galo branco (àkùkọ fúnfún)
- dois pombos brancos (ẹiyẹlẹ́ fúnfún)

REFLEXÕES DO ODÙ ÌKÁ:

Em yorùbá:
1. EBÍ ÀTI ÀWON ÒRÉ, JÉ, ALÀNÚ.
2. OLÙFẸ́ RERE TỌ́JÚ ÈLÒMÍRAN D'ÁRADÁRA JẸ́KI AIYÉ LẸ́WÀ.
3. ÌJÁDE ÒSÙMÀRE LÉHÌN TÍ ÒJÒ RÒ, MÚ ÀTÚNSE WÁ.
4. IṢẸ́, ÌRÒHÌN, ÌBÍNÚ ÀTI ÌJỌ̀GBỌ̀N A NI.
5. ILÉ AIYÉ RỌ̀NỌ́ IDODO.

Em português:
1. Generosidade com a família e amigos.
2. Gestador do amor generalizado, do bom trato com o outro, da piedade racional e da beleza como um todo.
3. O arco-íris, o que vem depois da tempestade, trazendo renovação.
4. Trabalho, comunicação, impulsividade e interesse obsessivo.
5. O mundo gira ao redor de seu próprio umbigo.

LENDA DO ODÙ ÌKÁ:

1. "Ọ̀nábánkẹ́, o pescador"
Ọ̀nábánkẹ́ gostava de pescar apenas para relaxar, pois, além de ser comerciante, tinha 14 filhos e ainda sustentava seu velho

pai, que, aliás, estava ficando cego. Como fazia todo fim de tarde, foi mais uma vez para o rio praticar seu esporte preferido. Porém, nesse dia, não conseguia pescar nada, porque o mar estava revolto. Nesse exato dia, Ọnábánkẹ́ precisava pescar um peixe e levá-lo para Ọrúnmìlà, para que este preparasse um ebú que seu pai passaria nos olhos, objetivando recuperar a visão.

Como não conseguia nenhum peixe, clamou aos céus para que conseguisse realizar seu intento. De repente, um homem muito forte surgiu ao seu lado. Ọnábánkẹ́ se assustou, mas o homem, com tranquilidade pediu-lhe um pouco da água que tinha na cabaça que estava junto ao seu corpo. O pescador prontamente ofereceu a cabaça ao misterioso homem, que bebeu a água como se há muito tempo não bebesse; parecia que sua sede não ia ser saciada, porém, quando acabou de beber toda água contida na cabaça, jogou-a ao mar. Ọnábánkẹ́ estranhou, mas nada falou, principalmente quando viu surgir um peixe negro saindo de dentro da cabaça. O homem pegou o peixe com as mãos, entregou-o ao pescador e lhe disse:

– Salva teu pai.

E foi embora, misteriosamente desapareceu.

Ọnábánkẹ́ levou o peixe para Ọrúnmìlà, que preparou o ebú para seu pai. Ọnábánkẹ́ e o pai agora pescam juntos todos os dias, porém os peixes são devolvidos ao mar.

2. "Ṣadé e Ayọ̀dèjì"

Ṣadé vendia todo tipo de frutas em sua barraca no mercado principal da cidade. Ṣadé tinha muitos namorados, mas não casava com ninguém. Na barraca ao lado da sua, trabalhava Ayọ̀dèjì, rapaz muito bonito que era apaixonado por ela, mas Ṣadé o esnobava, chegando mesmo a destratá-lo. Certo dia, Ṣadé chegou bem tarde ao mercado e, chorando muito, começou a armar sua barraca. Ayọ̀dèjì perguntou a Ṣadé o que estava acontecendo e ela, muito sem graça, disse que era assunto particular.

No fim do dia, quando todos os barraqueiros desfaziam suas barracas, Ṣadé continuava muito triste e chorosa; seus olhos vermelhos insistiam em demonstrar a melancolia que invadia a esnobe barraqueira.

Depois que ela terminou de guardar seus produtos e já se preparava para voltar para casa, Ayọ̀dèjì se ofereceu para acompanhá-la.

Em princípio rejeitou o oferecimento, mas logo pediu desculpas e aceitou a companhia daquele que era apaixonado por ela.

Foram caminhando até a casa de Şadé. Quando lá chegaram, Ayòdèjì, que nada falara ao longo do percurso, tornou a expor seus sentimentos à bela mulher, que o olhou profundamente e lhe pediu perdão por ter desprezado e esnobado quem realmente a amava e que, a partir daquele momento, ela ficaria com ele para sempre, pois não queria mais namorar apenas para causar inveja em suas amigas e que estava sofrendo porque tinha sido desprezada por alguém que repudiara seu amor. Deixou bem claro que não amava Ayòdèjì, mas que, por ser um bom homem, não seria difícil vir a amá-lo.

Assim aconteceu: Ayòdèjì e Şadé casaram, tiveram sete filhos e sete filhas e viveram felizes até o fim de suas vidas.

15) ODÙ ỌGBẸ́ ỌGÚNDÀ (ODÙ MAIOR) (MÁRÙNLÁ)

PROVÉRBIOS:
1. "Se a consciência está limpa, o espelho não embaça."
2. "O mesmo bico que serve para a ave comer, serve para fazer seu ninho."

SAUDAÇÃO:

Em yorùbá:
1. ÌGBÀGBÓ, WÀ PẸ̀LÚ TOKÀNTOKÀN ÀTI Ọ̀WỌ̀ FÚN ELÓMÍRÀN.
2. AYỌ̀ NÍTORÍ OHUN TA GBÉ ṢE LÁÍRÒ TẸ́LẸ̀.
3. EBÍ LÀGBÀ ÌDÓGBA.
4. ÌWÀ TÓ DÁRA, ṢE ÌRÀNLỌ́WÓN, ṢE IṢẸ́.

Em português:
1. Confiança, lealdade e respeito ao alheio.
2. Emoção em consequência de ações não calculadas.
3. Equilíbrio, família em primeiro lugar.
4. Moral, caridade, prestabilidade.

ADVERTÊNCIA:

As boas oportunidades que se apresentam nem sempre são aproveitadas.

NESTE ODÙ NASCEM:
- os quadrúpedes
- a cor marrom
- a decapitação
- os animais carnívoros e ferozes
- a perda de memória
- a esperança
- a comida
- a fome

ÒRÌṢÀ QUE FALAM:

Òṣún, Òlọkun, Ògún, Íròkó, Ọdẹ, Ọbàtàlá, Iyẹmọja, Ìyèwá, Onilẹ́, Ṣàngó.

SIGNIFICADO DA CAÍDA:

O consulente tem grande conhecimento, mas alimenta seus próprios inimigos.

Dentro da própria casa há um inimigo, porém não quer admitir. Mais cuidado com suas coisas, pois corre risco de ser furtado objetivando fazer-lhe mal. Chora e ri descontroladamente. Maldição familiar. Ọṣún de costas para o consulente e isso trará muitos transtornos, inclusive pode ser punido com a própria morte.

Caso o consulente seja mulher, poderá já estar grávida ou engravidará, mas não pode abortar; se teimar em tomar essa atitude, prejudicar-se à muito.

No caso de viajar, não poderá fazê-lo sem antes passar por um ẹbọ.

Não aplique golpes em um homem, muito menos na cabeça.

Evite usar roupas com franjas.

Não se omita diante de seu chefe, mostre que vem melhorando suas funções profissionais. Influência negativa de Ẽgun. Pessoa está atrasada material e espiritualmente. Problemas de justiça, portanto deve ter cuidado se está operando com coisas ilícitas, pois pode terminar atrás das grades ou no cemitério. Caminho de iniciação no culto aos Òrìṣà. Não pode manter, em casa, animais engaiolados. Não tem endereço certo. Dificuldades onde está. Sono interrompido. Intranquilidade.

RECOMENDAÇÃO DE IFÁ:

Oferendar Ọlọkun, à beira-mar. Prosternar-se diante de Ọṣún. Ẹbọ diante de Ọbàtálá. Soltar os animais que tem em casa engaiolados.

ẸBỌ DO ODÙ ỌGBẸ̀ ÓGÙNDÀ:

Finalidade: Eliminar caminho negativo, influência de Ẽgun, sono intranquilo, problemas judiciais.

Material necessário:

- **Primeiro Ẹbọ**
    - um galo preto (àkùkọ dudu)
    - uma galinha-d'angola (etu)
    - dois pombos brancos (ẹiyẹlẹ́ fúnfún)
    - dois cocos (àgbọn)
    - velas (fitílà)
    - duas cabaças (igbá)
    - pano azul (àṣọ àwọ̀ ojú òrun)

- **Segundo Ẹbọ**
    - sete peixes frescos (ẹja tútú)
    - milho torrado (àgbàdọ)
    - ẹkọ (àkàsá)
    - pano branco (aṣọ́ àwọ̀ fúnfún)
    - pano azul (aṣọ́ àwọ̀ ojù òrun)
    - pano vermelho (aṣọ́ àwọ̀ púpà)
    - óleo de dendê (epo pùpá)
    - mel de abelhas (oyin)
    - ọsùn
    - wãjì

REFLEXÕES SOBRE O ODÙ ỌGBẸ́ ÓGÙNDÀ:

Em yorùbá:
1. ABÉÒKÚTA NÍ ỌPỌ̀LỌ́ GBÉ TÍ ÒJÒ BÁ RÒ.
2. ÒNÀKỌNÀ LAFÍ LÈ SÉGUN ÌDÍWÓ ÀTI ÌDÈNÀ.
3. O MỌ ỌTÁ, TÀBÍ ILÉ, LÒTÁ WÀ.
4. ÈBÙN TÍ KÒ NÍ ÀPÓNLÉ, LÈ NÍ ÒPIN ÀBÌKÍTÀ.

5. ARÌN RÌN ÀJÒ TI ÒRUN ÀTI TI ILÈ, MA PÀDÉ NÍ ÒPIN ÌRÌNÀJO.
6. ỌLỌGBỌ́N OKÙNRIN KÒ GBỌDỌ̀ JẸ́KÍ ÀBÌKÍTÀ BA ISSẸ́ RẸ̀ JẸ́.

Em português:
1. Quando chove, o sapo se abriga debaixo da pedra.
2. Destruição de obstáculos. Êxito a qualquer custo.
3. O inimigo é conhecido.
4. O que se vangloria de seu saber, pode terminar na ignorância.
5. Viajantes do céu e da terra, sempre no fim da jornada se encontram.
6. O homem que com inteligência constrói não deve permitir que sua obra seja destruída pela ignorância.

LENDA DO ODÙ ỌGBẸ́ ÓGÙNDÀ:

1. "Iyẹmọja tenta ser maior que Òrúnmìlà":

Houve uma época em que Iyẹmọja e Òrúnmìlà se casaram e certo dia este teve de passar algum tempo fora de sua cidade, portanto não poderia atender as pessoas que o procuravam para consultar-se.

Iyẹmọja, depois da partida de Òrúnmìlà, ficava chateada por ver as pessoas que o procuravam para resolver seus problemas e não o encontravam, então se dispôs a atendê-las com o ọpẹlẹ. Para não perder a clientela do marido, passou a atender as pessoas, diariamente, e a aceitação foi fenomenal, praticamente a cada dia multiplicava-se o número de pessoas que queriam ser atendidas por ela.

Finalmente Òrúnmìlà retornou ao lar, mas Iyẹmọja nada lhe falou sobre a decisão que tinha tomado. No dia seguinte, bem cedo, Òrúnmìlà viu uma fila se formando à sua porta e pensou: "Nem mesmo com a minha ausência a clientela se afastou de mim". Abriu a porta e convidou as pessoas a entrarem, mas elas lhe disseram que não queriam se consultar com ele, e sim com Iyẹmọja. Òrúnmìlà, então, tomou conhecimento do que Iyẹmọja fez durante sua ausência, foi ao seu encontro e disse-lhe que uma casa só podia ter um adivinho; então a expulsou de casa, pois entendeu que ela havia traído sua confiança.

2. "Ọlọkun salva a terra"

Certa vez, a temperatura da terra aumentava gradativamente, porque os homens não faziam oferendas a Onilẹ́, e ele, enraivecido, não fazia nada para que a temperatura parasse de subir. Olódùmarè, ao tomar conhecimento do que ocorria na terra, determinou que os homens oferecessem a Onilẹ́ galos brancos, inhame, pombos brancos, óleo de dendê, mel de abelhas, ẹfun, ọsun, wãjí e aspergissem bastante água fresca e oti fúnfún na terra.

Mesmo assim, Onilẹ́ achou pouco e continuou a deixar a temperatura da terra aumentar. Ọlọkun, vendo que os humanos sofriam muito com o calor que fazia, resolveu formar uma enorme onda e precipitá-la para a terra como forma de resfriá-la. Sucesso total, embora tenha contrariado e muito Onilẹ́, que ainda tentou aumentar mais ainda a temperatura da terra; entretanto, águas de Ọlọkun foram e são muito mais poderosas que qualquer quentura existente na terra.

16) ODÙ ÀLÁFÍÀ (ODÙ MAIOR) (MÊRÌNDÌNLÓGÚN)

PROVÉRBIOS:
1. "Por mais que o homem aprenda, não chega a saber mais que Ọlọrun."
2. "Aquele que trabalha com tinta, com tinta suja suas roupas."

SAUDAÇÃO:

Em yorùbá:
1. ÍLÁÌLO GBOGBO ILÈ
2. ÀTÚNSE ÈMÍ ÀTI ÀTÌLÉHÌN BÍBÍNI.
3. AYÉ LÍLE LỌ́WỌ́ ORÍ NÍNÚ.
4. ÀLÁ TÍ ALÁ AMA SẸLẸ̀.

Em português:
1. O movimento giratório da terra
2. renova a vida e influencia o nascimento.

3. A decadência pode acontecer por sua própria cabeça. Vida difícil.
4. Sonhos que se tornarão realidade.

ADVERTÊNCIA:
Se você não pode ajudar o próximo, não o atrapalhe.

NESTE ODÙ NASCEM:
- as raças humanas
- a igualdade
- a fraternidade
- a artilharia
- o ruído do mar
- as disputas

ÒRÌṢÀ QUE FALAM:
Òdùduwà, Òrúnmìlà, Iyẹmọja, Ṣàngó, Èṣù, Ìbèjì, Òyá, Ògún, Ẽgún.

SIGNIFICADO DA CAÍDA:
O consulente extremamente descontraído, malicioso, em nada acredita; porém, logo será praticamente obrigado a acreditar, por causa de um grande problema que surgirá em sua vida.

A pessoa fala uma coisa, mas os outros escutam e acreditam em outra. A situação já foi muito boa, porém a que vive atualmente é péssima, por influência de supostos amigos. Intranquilidade total. Reverenciar um familiar morto. Não acolher ninguém em sua casa. Se fizer o que está pensando, irá se dar muito mal. Doente na família, procure ajuda para salvar a pessoa dentro do culto aos Òrìṣà. Iniciação no Culto aos Òrìṣà. Problemas graves no baixo-ventre. Fala muito de seus planos.

A pessoa está se abandonando e se descuidando, ocasionando-lhe, de união, sofrimento. Pensamentos confusos. Extremamente passiva. Intuição não aproveitada. Um segredo guardado a sete chaves pode ser revelado. A sorte voltará.

RECOMENDAÇÃO DE IFÁ:
Oferendar Ọbàtálá. Ẹbọ de Ẽgun.

Bọri. Usar roupas brancas. Limpar-se diante de Èṣù. Ẹbọ revitalizante.

Iniciar-se no culto ao Òrìṣà Ọlọ́rí.

ẸBỌ DO ODÙ ÀLÁFÍÀ:

Finalidade: Limpar o caminho para que as coisas boas comecem a brotar. Preparar a cabeça para a sorte que vai chegar.

Material necessário:

- **Primeiro Ẹbọ**
    - três cravos de linha férrea (ekanna)
    - uma enxada de ferro (iroko irin)
    - nove sininhos de ferro (şaworo irin)
    - um galo branco (àkùkọ fúnfún)
    - um cabrito (òbúkọ)
    - nove ẹkọ (àkàsà)
    - nove caramujos (ìgbín)
    - nove folhas de mangueira (ewé móngòrò)

- **Segundo Ẹbọ**
    - dois caramujos (ìgbín)
    - dois pombos brancos (ẹiyẹlẹ́ fúnfún)
    - milho branco (àgbàdọ fúnfún)
    - ẹkọ (àkàsà)
    - ẹfun
    - òrí (shea-butter)
    - azeite de oliva (epọ)
    - velas (fitílà)
    - pano branco (aşọ àwọ̀ fúnfún)
    - mel de abelhas (oyin)
    - ovos (ẹyin)

REFLEXÕES DO ODÙ ÀLÁFÍÀ:

Em yorùbá:
1. IKÚ KÒ MỌ̀ ENIKẸ́N.
2. ỌLỌGBỌ́N LÒ MA NSSẸ́GÚN NÍ GBOGBO ỌNÀ.
3. BA FI GBOGBO AIYÉ LÓWÓ ÈMÍ KÒ SSE RÀ.
4. OHUN TÍ A BA KỌ́ DÓJÚ ÀMÌ, KÒ SSE GBÀGBÉ.
5. OHUN KAN TÍ Ó JÉ TI OKÙNRIN NI ÀSEYORÍ NÍ AYÉ RẸ̀.
6. ẸNI TÍ KÒ MÚ ẸJẸ́ FÚN ẼGUN SSE KÒ LÈ SORÍ IRE LÁYÉ.

Em português:
1. Quando a morte tem fome, come qualquer um.
2. O que sabe ganha as batalhas aplicando sua sabedoria.
3. Todo dinheiro do mundo não compra uma vida.
4. O que se aprende não se esquece rapidamente.
5. A única coisa que é realmente do homem é o conhecimento que adquire ao longo de sua vida.
6. O que não cumpre as promessas que faz aos ẽgun não realiza nada em sua vida.

LENDA DO ODÙ ÀLÀFÍÀ:

1. "Owú, o filho de Ọbàtálá, ensina-o a aceitar o ìgbín como oferenda"

Ọbàtálá tinha muitos filhos, dentre esses havia um que se diferenciava dos demais por ser o mais alto, o mais magro, o mais feio e o único que era branco. Seu nome era Owú.

Os irmãos de Owú zombavam dele, diziam até que era louco porque estudava muito e vivia na plantação de algodão do pai, tratando-a para que a produção fosse cada vez maior. Seus irmãos, no entanto, não faziam nada, não trabalhavam nem estudavam. Ọbàtálá se aborrecia muito com as atitudes de seus filhos, só Owú lhe dava alegrias. Depois de pensar muito, resolveu que reuniria os filhos e determinaria uma tarefa e aquele que a realizasse seria o novo dono da plantação de algodão. A tarefa era a de trazer-lhe o animal mais inteligente que encontrassem e, para isso, tinham 16 dias de prazo.

Todos, menos Owú, acharam a tarefa muito boba, mas saíram atrás do tal animal.

Enfim chegou o dia acordado, e lá estavam todos diante de Ọbàtálá apresentando seus animais: cachorro, cobra, galinha, codorna, jabuti, pombo, ovelha e ìgbín. À medida que iam apresentando seus animais, Ọbàtálá exigia que lhe explicassem por que os achavam inteligentes e, claro, davam várias explicações que não convenciam o Deus Fúnfún. Enfim chegou a vez de Owú, que disse:

— Meu Pai, para mim o animal mais inteligente é o ìgbín, porque é equilibrado, anda calmamente e chega onde quer; quando o perigo se aproxima, entra em sua casa que carrega nas costas; ele se autorreproduz e seu sangue é branco, seiva da vida, e é compatível com qualquer cabeça ou Òrìṣà.

Ọbàtálá convenceu-se da explicação dada por Owú e determinou que ele seria, a partir daquele momento, o dono da plantação de algodão e que ele, Deus da Criação, passaria a receber como oferenda o ìgbín.

Até os dias atuais o ìgbín é o animal que mais representa Ọbàtálá, e o que lhe é oferendado em maior proporção.

2. "Ọbàtálá paga por sua teimosia"

Ọbàtálá foi consultar-se com Ọ̀rúnmìlà e este lhe disse que cuidasse de sua saúde, pois teria problemas graves se não procurasse um Onişẹgún.

Porém, como sempre fazia, deu de ombros e foi embora para sua casa. No trajeto pensava: "Minha plantação de inhame não me deixará ter problemas, muito menos de saúde".

A plantação de inhame cresceu tanto que cobriu toda a casa de Ọ̀rúnmìlà, não o deixando sair. Nesse ínterim, Ọ̀rúnmìlà ficou doente e não conseguia sair de casa, pois portas e janelas se encontravam totalmente vedadas pela plantação de inhame e isso o fazia definhar.

Şàngó e Ògún estranharam o desaparecimento do amigo Ọbàtálá e resolveram ir até sua casa, porém, quando lá chegaram, só encontraram a plantação de inhame e começaram a gritar pelo teimoso amigo, que, muito doente, não tinha forças para responder. Então, um pombo branco pousou no ombro de Şàngó e disse que Ọbàtálá estava muito mal e a casa estava debaixo da plantação de inhame. Şàngó sacou seu òşé e Ògún, seu facão e começaram a desbastar aquela "mata". Quando conseguiram entrar na casa, Ọbàtálá foi dizendo:

– Ajudem-me, estou neste estado porque não dei ouvidos ao que Ọ̀rúnmìlà me disse. Salvem-me, levem-me à casa do Grande Adivinho.

Dessa forma Şàngó e Ògún salvaram a vida do teimoso Ọbàtálá.

Odù Méjì ou Odù Compostos
(Combinação das Matrizes)

*"Por amizade e companhia
O cigano se deixou enforcar."*

Provérbio polonês

A cosmogonia yorùbá explica e ajuda a manter vivo o universo cultural-religioso do povo yorùbá, formado por ancestrais, homens e deuses, que se revelam por meio dos mitos, lendas, fábulas e provérbios que são encontrados nos cultos aos Òrìṣà e especialmente no de Ọrúnmìlà.

Ọrúnmìlà é um dos principais deuses yorùbá, que revela o destino do homem e os desejos daqueles que compõem o mundo sobrenatural yorùbá. Deus do Destino, Grande Adivinho que detém o poder sobre seus 16 filhos, os Odù, que se revelam por intermédio da parafernália de Ifá, manipulada pelos Bàbálàwó, e que são os Ikinifá, o Ọpèlè e o jogo de búzios, sendo que este é usado pelos santeros e santeras afro-cubanos.

O Sistema de Ifá é binário; portanto, formado por Odù Méjì ou Odù Compostos, sendo 16 matrizes que se desdobram em 256 Ọmọ Odù ou Amọlu que se re(desdobram) várias vezes e neles estão contidos os segredos dos homens, dos ancestrais e dos deuses afro-negros.

Cabe, no mundo yorùbá, a Ọrúnmìlà o poder de falar sobre o passado, presente e futuro de uma pessoa, de um local, de uma família ou de uma situação e também informar o que os Òrìṣà querem dos humanos, para que a vida destes, na terra, seja muito melhor, tanto pessoal, profissional quanto afetivamente.

Em Cuba, o culto a Ọrúnmìlà chegou por meio de alguns Bàbálàwó como: Lugere, Ifabií, Anaí, Akaide, Pancho Canabá, Oddé Oba, Bonifacio Valdés (Cheché), e até hoje é praticado em terras fidelistas. Desses nobres sacerdotes, originaram-se as famosas "ramas" de Ifá que se transformaram em casas prestigiosas que dirigem a vida religiosa dos afro-cubanos, compreendendo, conforme pesquisas de campo, aproximadamente 4 mil sacerdotes de Ifá.

Um dos Bàbálàwó, que chegou em Cuba nos fins do século XIX e do qual temos muitas informações, é Addé Shiná (Eulogio Gutiérrez), que tinha procedência africana, mas não foi escravo.

Radicou-se em Matanzas, precisamente em Calimete, e algum tempo depois se transferiu para Regla em Havana, fundando o "Ilé Ocha", onde desenvolveu um trabalho de grande reputação e respeito. Dessa "rama de Ifá" saíram Taita Gaytán (Ógùnda-fun), que iniciou José Isabel de las Mercedez (Obeate, em Regla) e deste fez filho Andrés Izquierdo (Osaché). Dessa forma, o culto a Ifá continuou se ampliando e multiplicando por meio de seus inúmeros sacerdotes por toda a ilha caribenha.

Neste capítulo vamos fazer uma abordagem rápida sobre os Odù Méjì ou Odù Compostos, mais precisamente com os Odù Matrizes, pois somente por meio deles é que a interpretação dos desígnios do porta-voz do mundo invisível dos yorùbá, Ọrúnmìlà, é mais ampla e profunda.

1) ÒKÀNRÀN MÉJÌ

PROVÉRBIO:
"A água com que se lavam as mãos, quando cai na terra, não pode ser mais colhida, a terra a toma."

SIGNIFICADO DA CAÍDA:
Embora tenha muitos inimigos, eles não lhe farão mal nem o destruirão. Alterna alegria e tristeza sem motivo aparente e, na maioria das vezes, mostra-se aborrecido e irritado e não tem vontade de estar com ninguém nem ir à rua.

O mal que sente foi provocado pelas próprias mãos do consulente. Deve ter paciência para que a sorte e o bem entrem em sua vida e sejam seus perenes companheiros.

Se o consulente não está com doença contagiosa, tem de se cuidar muito para não ser contaminado.

2) ÉJÌ ÒKÒ MÉJÌ

PROVÉRBIO:
"A vida sustenta a morte e a morte, a vida."

SIGNIFICADO DA CAÍDA:
Inimigos preparam armadilha para que o consulente caia.

Está sendo ou será enganado por um homem ou mulher que considera ser um(a) grande amigo(a).

Evitar manipular objetos perfurocortantes, pois corre risco de machucar ou ser machucado com gravidade.

Se o consulente estiver enfermo, com certeza será curado e, se sofrer algum tipo de acidente, sairá ileso.

Novas possibilidades, generalizadas, de associações, inclusive afetivas.
Deve homenagear mortos familiares.
Não deve entrar em disputas, não será vencedor e atrairá para si frustrações irreparáveis.

3) OGÚNDÀ MÉJÌ

PROVÉRBIO:
"Saber esperar é sábio."

SIGNIFICADO DA CAÍDA:
Dinheiro, vindo para o consulente por vários meios. Não se aproxime de qualquer tumulto que vê na rua, pois poderá ser envolvido.

Antes de sair para resolver alguma coisa, em um lugar específico, reze para seu Òrìṣà Olórí. Problemas de ereção levando à impotência.

Ação agressiva trará problemas policiais. Decepção. Mordida de animal rastejante. Se o consulente estiver traindo alguém, em qualquer segmento, está prestes a ser descoberto; como também, se estiver sendo traído, a verdade virá à tona.

Precarver-se para não viver uma situação com perigo de vida.
Acautele-se em relação a gravidez indesejável.

4) ÌRÒSÙN MÉJÌ

PROVÉRBIO:
"Com os olhos fechados não se pode alcançar o objetivo."

SIGNIFICADO DA CAÍDA:
Pensamentos ruins dominam a mente do consulente, que se sente muito mal. Sonha constantemente que seu corpo está em chamas. Perigo de incêndio. Risco de acidentes. Infelicidade. Sofrimento. Vitória sobre inimigos. Seria recompensado por seus próprios esforços. Pequenas viagens, com êxito. Prosperidade. Tranquilidade. Perda de memória. Suicídio.

Consulente está em um momento de sua vida, no qual toda cautela é pouca para atingir seus objetivos. Superação de situações difíceis. Para ter sucesso na vida, o consulente terá de diminuir sua teimosia e procurar manter os pés no chão.

5) ÒṢÉ MÉJÌ

PROVÉRBIO:
"Não há amanhã que não se converta em ontem."

SIGNIFICADO DA CAÍDA:
De modo geral, as coisas boas da vida estão de costas para o consulente. Tudo o que faz é entendido como ruim e provoca más notícias. Há um familiar que o consulente não conhece e corre o risco de se envolver sexualmente com essa pessoa, trazendo-lhe problemas quando a verdade vier à tona. Roubo. Prisão. Doença abdominal e nos membros inferiores. Instabilidade emocional. Impulsividade. Soberba, levando a pessoa a perder amigos. Problemas financeiros se originam nos gastos abusivos, pois é consumista em potencial. Vive uma situação amorosa que tem de manter em segredo, senão poderá ter problemas que o levarão à polícia.

6) ÒBÀRÀ MÉJÌ

PROVÉRBIO:
"Tanto tens, tanto vales; nada tens, nada vales."

SIGNIFICADO DA CAÍDA:
Muito cuidado com o que fala e com quem fala. No local aonde quer ir há pessoas que o esperam para lhe fazer mal; porém, se fizer ẹbọ, poderá ir sem perigo nenhum.

Novas conquistas, vitórias. Compra de móveis. Saúde boa. Ascensão profissional. Fofocas. Situações trazendo constrangimento. Mentiras. Recuperação emocional rápida. Brigas e disputas por herança familiar. Presunção. Perseguição por dinheiro.

7) ÒDÍ MÉJÌ:

PROVÉRBIO:
"O que tem teto de vidro não pode atirar pedras no teto do outro."

SIGNIFICADO DA CAÍDA:
Sorte grande. Traição. Inveja. Não cruze mar; se tiver de ir de algum lugar para outro, faça-o, de preferência por terra. O consulente caluniou alguma mulher e isso lhe trará problemas que não serão resolvidos rapidamente. Gravidez. Risco de prisão. Homossexualismo. Morte por assassinato. A resistência do consulente o levará à vitória. Perversão. Sonhos que nunca se realizarão. O consulente planeja, diabolicamente, arruinar a vida de um inimigo. A pessoa é viciada, ou alguém próximo a ela, e isso traz vários transtornos familiares. Doença transmitida por meio de relação sexual secreta, sendo revelada por força das circunstâncias. Presença de energia maléfica. Consulente sob efeito de magia negativa.

8) ONÍLẸ̀ MÉJÌ:

PROVÉRBIO:
"Deus deu barba a quem não tem queixo."

SIGNIFICADO DA CAÍDA:
O consulente tem caminhos abertos para dinheiro. Oferendar Ọbàtálá para que haja equilíbrio na vida da pessoa. Infelicidade. Problemas mal resolvidos. Dores fortes de cabeça. É necessário tratar-se, urgentemente, com médico, pois há risco de perda de vida. Pela oratória pode fazer sucesso. Emocional instável, amores não correspondidos, ciúme exagerado. Normalmente a incompreensão ronda o consulente, pois, como gosta de falar, às vezes fala demais ou, no momento em que deveria expor suas ideias mais amplamente, economiza palavras.

9) ỌSÁ MÉJÌ:

PROVÉRBIO:
"O homem é livre tal qual o pássaro em uma gaiola."

SIGNIFICADO DA CAÍDA:
Litígio com Ọya, Àgànjú e Ṣàngó, o consulente tem de retratar-se com esses Òrìṣà o mais rápido possível. A fortuna baterá em sua porta e, se você for bem aconselhado, ele se sairá muito bem, porém deve acautelar-se contra roubo, pois seus passos estão sendo seguidos.

Consulente sob efeito de magia maléfica. Presença de Ẽgun, provocando discórdia familiar. Mesmo que o arrependimento o acosse, não hesite em tomar a decisão que acredita certa. Tendência a megalomania. Diante de algumas situações, o consulente usa a agressividade como rescurso de defesa e termina cometendo erros irreparáveis e decepcionando as pessoas que o cercam.

10) ỌFÚN MÉJÌ:

PROVÉRBIO:
"Por mais que o vento sopre, o Sol não perde seu brilho."

SIGNIFICADO DA CAÍDA:
Algumas amizades são prejudiciais ao consulente e tentam lhe causar algum mal-estar pela ingestão de alimentos. No passado, separou-se do pai por divergência de opinião, hoje tem de procurá-lo e pedir perdão, pois a culpa da separação foi do consulente, seja homem ou mulher.

Mente cansada e intraquila. Pessoa enferma que se recusa a aceitar o que tem e isso retarda sua recuperação. Mistérios existentes na vida do consulente estão prestes a ser revelados e isso provocará uma reversão financeira. Hoje tudo tem, amanhã o consulente estará pedindo, pois há momentos em que gasta compulsivamente ou tranca o dinheiro, chegando a faltar as coisas mais necessárias em sua casa.

11) ÒWÓRÍN MÉJÌ:

PROVÉRBIO:
"O que busca o mal do outro faz o mal a si mesmo."

SIGNIFICADO DA CAÍDA:
O consulente, mesmo sem dinheiro, quer mudar-se, pois sente-se muito mal na casa que mora com mais três pessoas e na qual todos ocupam um mesmo quarto. Traição. Perigo de cair e se machucar. Vizinho quer causar problemas ao consulente, inclusive pensa em roubá-lo.

Inimigos vencidos. Caminho de riqueza e fama, porém tem de ter equilíbrio para não perder tudo de uma vez só, pois ambos podem vir com atropelos, acelerada e desgovernadamente. Fenômenos sobrenaturais. Situação difícil, porém alguém o ajudará a resolvê-la, somente pela amizade que nutre pelo consulente. Se não fraudou alguém, está prestes a fazê-lo, e terá de arcar com as consequências.

12) LAṢẸBỌRA MÉJÌ:

PROVÉRBIO:
"Não se pode levantar a mão para tocar a terra."

SIGNIFICADO DA CAÍDA:
Sonhos ruins. Algo que quer descobrir, por isso veio se consultar.

Problemas com justiça. Se o consulente não é abikú, tem ou terá filho com essa síndrome. Doença venérea, problemas pulmonares, fibromas, obesidade mórbida.

Novas associações comerciais com sucesso. Gravidez. Inconstância, caminhos cortados, teimosia levando o consulente a ter prejuízos irreparáveis. Traição familiar. Se ainda não tentou suicídio, tentará, pois ainda não o realizou por pura covardia. Gosta de se impor, causando pânico. Perdas financeiras. Presença de Ẽgun trazendo coisas nefastas.

13) ỌLÓGBÓN MÉJÌ: (MẸTANLÁ)

PROVÉRBIO:

"A doença e a saúde andam sempre de mãos dadas."

SIGNIFICADO DA CAÍDA:

O consulente encontra-se saturado da vida, não dá importância a nada que o cerca. Momentos de ausência mental. Respirar porque o oxigênio é gratuito. Problemas ósseos. Doença grave. Desencanto. Sorumbático. Morboso. Relação afetiva bastante depauperada, a outra pessoa já vislumbra um novo relacionamento. Emocionalmente imaturo, conflitos consigo e com os outros que o cercam. Consulente tem de modificar atitudes robóticas para poder reestruturar sua vida. Bọri. Oferendar Èṣù.

14) ÌKÁ MÉJÌ: (MẸRINLÁ)

PROVÉRBIO:

"Se uma laranja se planta, uma laranja se colherá."

SIGNIFICADO DA CAÍDA:

O consulente está sob efeito de magia maléfica. Problemas afetivos com filho. Se for comerciante ou vendedor, passa por aperto financeiro. Pensa em fazer maldade a alguém: não faça, pois retornará para você. O consulente projeta, porém encontra muitas dificuldades em realizar, às vezes por se achar melhor do que as outras pessoas que poderão dar o aval. Normalmente toma atitudes impulsivas, que provocam grandes momentos depressivos. Está sempre pronto para tirar vantagens de qualquer maneira, mesmo que seja sobre um amigo ou familiar. O consulente guarda ódio, rancor dentro de si, e imagina de que maneira extravasará tais sentimentos.

15) ỌGBẸ̀-ÓGÙNDÀ MÉJÌ: (MÁRÙNLÁ)

PROVÉRBIO:
"Somente temos a felicidade que damos."

SIGNIFICADO DA CAÍDA:
O consulente é muito inteligente, tem uma vida retilínea, porém enfrenta problemas familiares causados por decepção com filho que prendeu demais. Não consegue, nesse momento, analisar sem emoção a situação que está vivenciando. Acredita que, por ser inteligente, sabe de tudo e não precisa aconselhar-se com ninguém. A cabeça ferve, pode causar algum tipo de agressão física ou verbal. A pessoa se isola de todos porque acredita que, agindo assim, evitará problemas, ou seja, ela se basta. Nesse período não deve frequentar lugares muito cheios, pois é um barril de pólvora; pode ser que, se alguém pisar em seu pé, queira partir para uma agressão física. Em hipótese nenhuma faça isso, pois o prejudicado será você mesmo, e poderá ser preso.

16) ÃLÁFÍÀ-MÉJÌ: (MẸ̀RÌNDÌNLÓGÚN)

PROVÉRBIO:
"O médico cura o corpo; o amor, a alma."

SIGNIFICADO DA CAÍDA:
O consulente fala demais, está abandonando várias coisas em sua vida. Anda desleixado. Encontra-se doente, mas reluta em procurar médico; talvez quando o fizer, não dê mais tempo para curar-se. Indiferente às necessidades familiares. Acumula fracassos porque se acha melhor do que os demais. Presunção, sarcasmo e excesso de confiança não lhe faltam. Alternância financeira, agora tem muito dinheiro, daqui a pouco não tem nem para comprar um pão. Às vezes, mostra-se excessivamente passivo, passional, conflitante e compulsivo.

Outros Odù Compostos

(Combinações de Matrizes Diferentes)

"La creencia en el espiritualismo para la solución de problemas personales está arraigada muy profundamente entre los pueblos de habla española."

Migene González – Wippler
(santeria – Magia Africana en Latinoamérica, p. 66, s/d – Ed. Independente)

ALGUMAS COMBINAÇÕES DO ODÙ ỌKÀNRÀN

- **ODÙ ỌKÀNRÀN-OKO:**

PROVÉRBIO:
"Por mais que te disfarces, a morte te reconhecerá."

SIGNIFICADO DA CAÍDA:
Assentar Odúdùwá. Ciúmes. Morte. Não se maldiga. Não negue comida a quem lhe pedir.

- **ODÙ ỌKÀNRÀN-DÍ:**

PROVÉRBIO:
"Por maior que seja o barco, o mar sempre o balançará."

SIGNIFICADO DA CAÍDA:
Iyẹmọja cobra promessa não cumprida. Riqueza. Bem-estar físico e material. Amigo prepara traição. Oferendar Ẽgun protetor.

- **ODÙ ỌKÀNRÀN-BÀRÁ:**

PROVÉRBIO:
"A mulher que come de duas mãos perde sua posição."

SIGNIFICADO DA CAÍDA:
Dívidas trazendo tristezas e aborrecimentos. Consulente chora miséria. Problemas judiciais. No local de trabalho há possibilidade de roubo.

ALGUMAS COMBINAÇÕES DO ODÙ ÈJÌ OKÒ

- **ÈJÌ OKÒ-ROSÙN:**

PROVÉRBIO:

"O mal provoca o mal."

SIGNIFICADO DA CAÍDA:

Disputa entre irmãos. Inveja.
Dívida com Ọṣún, pague o mais rápido possível. Faça uma festa para crianças. Doente em sua casa morrerá.

- **ÈJÌ OKÒ-GÚNDÁ:**

PROVÉRBIO:

"Nunca a discussão vence a razão."

SIGNIFICADO DA CAÍDA:

Avareza. Inimigo faz magia maléfica contra o consulente. Está a ponto de deixar o certo pelo duvidoso.

- **ÉJÌ OKÒ-FÚN:**

PROVÉRBIO:

"A maldição não evita o nascimento."

SIGNIFICADO DA CAÍDA:

Oferendar Ìbéjì, para obter sorte e saúde. Morte repentina. Assentamento de Èṣù. Ṣàngó deve ser oferendado a fim de que o consulente tenha mais poder para conseguir algo difícil.

ALGUMAS COMBINAÇÕES DO ODÙ ÊTA ÒGÚNDÁ

- **ÒGÚNDÁ-ROSÙN:**

PROVÉRBIO:
"Trapaça com trapaça se paga."

SIGNIFICADO DA CAÍDA:
Nascimento de menino. Caráter frágil. Vida desorganizada. Traição. Culpas alheias.

- **ÒGÚNDÁ-ŞE:**

PROVÉRBIO:
"Os conselhos dos Òrìşà são palavras sagradas."

SIGNIFICADO DA CAÍDA:
Perda da razão. Atitudes impensadas. Hipocrisia. Palavras mal interpretadas. Assentar Ògún e Oya. Duas caras.

- **ÒGÚNDÁ-LÁŞEBQRA:**

PROVÉRBIO:
"Em casa de ferreiro, espeto de pau."

SIGNIFICADO DA CAÍDA:
Guerra com vitória. Pedir perdão à mãe. Oferendar a Èşù e Ògún para abertura de caminho. Evitar bebidas alcoólicas.

ALGUMAS COMBINAÇÕES DO ODÙ ÌROSÙN

- **ÌROSÙN-GÚNDÁ:**

PROVÉRBIO:
"Por mais que olhe, não se pode ver o que está do outro lado da parede."

SIGNIFICADO DA CAÍDA:
Morte repentina. Fofocas no local de trabalho. Traição. Cuidado com barulhos de mar. Evite fazer favores aleatoriamente.

- **ÌROSÙN-ŞE:**

PROVÉRBIO:
"Aquele que esconde roubo, carrega a culpa do roubo."

SIGNIFICADO DA CAÍDA:
Falso testemunho. Dívida com Èşù. Debilidade física. Evitar usar roupa preta. Pessoa sente-se esmagada.

ALGUMAS COMBINAÇÕES DO ODÙ ÒŞÉ

- **ÒŞÉ-GÚNDÁ:**

PROVÉRBIO:
"Somente a faca sabe o que há no coração do inhame."

SIGNIFICADO DA CAÍDA:

Problemas matrimoniais. Pessoa suspeita de tudo, inclusive dela mesma. Algo de muito valor foi perdido. Marca iniciação no culto aos Òrìṣà. Filho subestima inteligência do pai. Oferendar Ògún com inhame assado com epọ púpà, na mata. Agradecer Ọmọlú, Òṣún e Ògún.

- **ÒṢÉ-BARÀ:**

PROVÉRBIO:

"Todas as coisas são boas para comer, porém nem todas são boas de falar."

SIGNIFICADO DA CAÍDA:

Se cumprir promessa feita a Òṣún, o dinheiro que está na porta entrará em sua casa. Cuidado com a língua. Oferendar Ẽgun. Apresenta transtorno de personalidade.

- **ÒṢÉ-NÍLẸ̀:**

PROVÉRBIO:

"O orgulho anula a humildade."

SIGNIFICADO DA CAÍDA:

Tem sempre de oferendar os Òrìṣà para que sua vida prospere. Traiçoeiro e malicioso. Problema nas vistas. Vida longa. Pode gerar criança surda-muda.

- **ÒṢÉ-SÁ:**

PROVÉRBIO:

"O barco que não é amarrado fica à deriva."

SIGNIFICADO DA CAÍDA:

O consulente com a vida atrasada em vários segmentos. Coisas erradas. Cabeça necessita de Bọri. Falta com respeito aos irmãos biológicos. Se não tem problemas nas pernas, quando tiver um filho, este com certeza os terá. Desenvolver a clarividência.

ALGUMAS COMBINAÇÕES DO ODÙ ÕBÀRÀ

- **ÒBÀRÀ-DÍ:**

PROVÉRBIO:
"Não troque caminho por vereda."

SIGNIFICADO DA CAÍDA:
Oferendar Şàngó e Iyęmọja, juntos. Mulher comercializa seu corpo. Uma pessoa que mora na casa do consulente pode cair de um local muito alto e morrer. Inveja. Projetos desfeitos. Marido e/ou mulher tem relações afetivas paralelas ao casamento.

- **ÒBÀRÀ-FÚN:**

PROVÉRBIO:
"O medo e o respeito são duas coisas muito diferentes, distinga-os."

SIGNIFICADO DA CAÍDA:
Cabeça muito confusa, podendo chegar à loucura, deve procurar ajuda médica. Desrespeita muitas pessoas e fala demais. Separação entre pais e filhos. Discussão por dinheiro, faça tudo para evitar.

- **ÒBÀRÀ-LOGBỌN:**

PROVÉRBIO:
"Sua mentira hoje pode ser a verdade de amanhã."

SIGNIFICADO DA CAÍDA:
Adultério. Oferendar Òsanyìn e Òdúduwà. Ciúmes provocando desgostos, tristezas e brigas. Tendência a passar por uma mentira que será descoberta.

- **ỌBÀRÀ-KÁ:**

PROVÉRBIO:

"O homem carrega dois sacos: um para ganhos e outro para perdas."

SIGNIFICADO DA CAÍDA:

Traição filial. Trai a confiança que lhe é depositada. Vítima de ẹbọ de amarração. Transformações repentinas de difícil assimilação.

ALGUMAS COMBINAÇÕES DO ODÙ ÒDÍ

- **ÒDÍ-GUNDÁ:**

PROVÉRBIO:

"Quando se joga a âncora, o barco fica parado."

SIGNIFICADO DA CAÍDA:

Òrìṣà zangados com o consulente. Teimosia. Separação. Acidente com objetos de ferro. Mesmo sob efeito de bruxaria, sairá vencedor. Discussão entre filhos. Instabilidade emocional. Fale sempre bem, pois seu àṣẹ, sua força, é sua língua.

- **ÒDÍ-LÀṢẸBỌRA:**

PROVÉRBIO:

"Uma palavra de alento anima o homem."

SIGNIFICADO DA CAÍDA:

Desunião da família. Falta de respeito com a mulher de modo geral. Pensamentos maldosos povoam a cabeça do consulente. Alegrias retardadas. Vida em perigo. Não deve criar filhos alheios.

• ÒDÍ-ỌGBẸ̀GÚNDÁ:

PROVÉRBIO:
"A vida é como as folhas da palmeira que se encontra pelo caminho."

SIGNIFICADO DA CAÍDA:
Envolvimento com drogas. Guerras. Transformações. Enganos com a família e com amigos. Objetivo será alcançado. Pessoa amaldiçoada. Proibitivo banhar-se no mar. Fenômenos sobrenaturais acontecendo na casa do consulente.

ALGUMAS COMBINAÇÕES DO ODÙ ÈJÌ ONÍLẸ̀

• ONÍLẸ̀-OKÒ:

PROVÉRBIO:
"Para fazer o mal, não há homem pequeno."

SIGNIFICADO DA CAÍDA:
Vícios. Não exponha seus pensamentos em público. Gênio indomável. Traição com papéis, levando a problemas judiciais. Cuidado com o que fala.

• ONÍLẸ̀-WỌ́RÍN:

PROVÉRBIO:
"Não busque na rua o que você tem em casa."

SIGNIFICADO DA CAÍDA:
Esconda suas debilidades. Ilusão. Cabeça no ar. Doença no peito. Solidão. Vícios generalizados. Boca sangra.

- **ONÍLẸ̀-ÀLÁFÍÀ:**

PROVÉRBIO:

"A capacidade da inteligência é a espada com que se conquistam as metas."

SIGNIFICADO DA CAÍDA:

Familiar vai viver no exterior. Filhos criam muitos aborrecimentos para a mãe. Oferendar Èṣù. Pessoa tem habilidade para fazer esculturas. Cuidado com pactos feitos no passado.

ALGUMAS COMBINAÇÕES DO ODÙ ỌSÁ

- **ỌSÁ-KÀNRÀN:**

PROVÉRBIO:

"Mais vale um pássaro na mão do que cem voando."

SIGNIFICADO DA CAÍDA:

Avareza. Intempestivo. Impaciente. Oferendar Ọrúnmìlà e Ọyá. Para ter sucesso, deve fazer um superesforço. Desemprego. Não gosta de viver com a família. Inquieto. Intranquilo.

- **ỌSÁ-ṢÉ:**

PROVÉRBIO:

"O inimigo de fora se controla, o de dentro mata."

SIGNIFICADO DA CAÍDA:

Rancores. Iniciação no culto aos Òrìṣà. Guarde seus segredos. Pensam em fazer-lhe mal, porém não sabem que será seu bem.

- **ỌSÁ-DÍ:**

PROVÉRBIO:

"A cadeia converte o livre em escravo."

SIGNIFICADO DA CAÍDA:

Para quem o consulente trabalha, não merece sua dedicação. Atraso e destruição. Conforme-se com o que lhe cabe. Não inveje os outros. Homem e mulher, apesar de viverem sob o mesmo teto, não se amam. Traição.

ALGUMAS COMBINAÇÕES DO ODÙ ÕFÚN

• ÒFÚN-ROSÙN:

PROVÉRBIO:
"O orgulho com humilhação se paga."

SIGNIFICADO DA CAÍDA:
Falsificação generalizada. Máscaras para esconder o que realmente a pessoa é. Perda de *status*. Angústias. Sentimentos oprimidos. Orgulho excessivo. A vida é vista sem nenhuma ilusão. Humilhação. Procura estabilizar-se para manter uma relação afetiva mais rica.

• ÒFÚN-ŞE:

PROVÉRBIO:
"A herança sanguínea é a única que não se perde."

SIGNIFICADO DA CAÍDA:
A sorte persegue o consulente. Avareza. Orgulho. Inveja. Dívidas. Perda de memória. Pague promessas feitas. Não empreste nada a ninguém. Cuidado com quedas, poderá fraturar alguma parte do corpo.

• ÒFÚN-LÀŞÈBQRA:

PROVÉRBIO:
"Os cães ladram, os humanos falam."

SIGNIFICADO DA CAÍDA:

Desunião. Incompreensão. Traição religiosa. Mudar-se de onde mora é uma das providências urgentes que tem de realizar. Desrespeito com os Òrìṣà. Tenta prejudicar alguém por meio da justiça.

ALGUMAS COMBINAÇÕES DO ODÙ ÒWÓRÍN

- **ÒWÓRÍN-KÀNRÀN:**

PROVÉRBIO:
"Foi buscar lã e saiu tosquiado."

SIGNIFICADO DA CAÍDA:
Não agir impulsivamente. Não se deixar dominar pela soberba. Desobediência. Mau agradecimento. Documentos ocultos que comprometem a pessoa virão à tona. Encontra-se perdido no seio familiar. Pessoa cheia de caprichos. Algo vindo, tanto pode beneficiar como prejudicar o consulente.

- **ÒWÓRÍN-ROSÙN:**

PROVÉRBIO:
"A soberba alimenta a razão."

SIGNIFICADO DA CAÍDA:
Autoestima em baixa. Consulente é covarde diante de situações difíceis. É necessário ter paciência. Pessoa amarrada a muitas coisas. Tem de oferendar um morto familiar. Gosta de se consultar com Ẽgun incorporado.

- **ÒWÓRÍN-ÒNÍLẸ̀:**

PROVÉRBIO:
"Não se pode arar no mar."

SIGNIFICADO DA CAÍDA:

Algo pode ser feito pelo doente, há remédio. O consulente pensa que o dinheiro é tudo. Avareza e soberba. Roubos. Não é amigo de ninguém. Acidentes na cabeça. Atrasos na vida do consulente se devem às suas próprias atitudes. Não guarde objetos de ninguém em casa.

ALGUMAS COMBINAÇÕES DO ODÙ ÈJÌLÁŞEBORA

- ## ÈJÌLÁŞÈBORA-ÒKÒ:

PROVÉRBIO:
"Não espere o dia da batalha para afiar a espada."

SIGNIFICADO DA CAÍDA:
Ẽgun prejudicando. Dívida com Şàngó, pague o mais rápido possível. Ressentimentos. Enfermidade. Abíkú. Mude os móveis de lugar. Não coma na casa de estranhos e também evite dormir.

- ## ÈJÌLÁŞÈBORA-ROSÙN:

PROVÉRBIO:
"Antes de atingir alguém, olha a quem."

SIGNIFICADO DA CAÍDA:
Refugiado em local incerto e não sabido. Vício destruirá física e moralmente o consulente. Falta com respeito aos mais velhos. Irmãos disputam sem pudor. Não brinque com fogo, pode se queimar. Não deixe se levar pelas amizades perniciosas.

- ## ÈJÌLÁŞEBORA-FÚN:

PROVÉRBIO:
"O desconhecimento nos faz cometer erros."

SIGNIFICADO DA CAÍDA:
O consulente foi amaldiçoado por um moribundo. Covardia. Suicídio. O consulente se deixa conduzir, não faz prevalecer seus desejos e opiniões. Documentos travados. Deve ter muito cuidado onde come, pois pode ter uma intoxicação. Mande rezar missa para familiar morto.

ALGUMAS COMBINAÇÕES DO ODÙ ÈJÌOLÓGBÓN

- **ÈJÌOLÓGBÓN-DÍ:**

PROVÉRBIO:
"A injustiça começa com uma calúnia."

SIGNIFICADO DA CAÍDA:
Hipocrisia. Vexames públicos. Doenças respiratórias. Deve portar uma proteção de Èṣù. Iyemoja e Òṣún protegem o consulente, que deve lhes agradecer por meio de oferendas. Não confie em ninguém.

- **ÈJÌOLÓGBÓN-SÁ:**

PROVÉRBIO:
"O que não respeita não é respeitado por ninguém, nem por ele mesmo."

SIGNIFICADO DA CAÍDA:
Infelicidade. Maus-tratos físicos e morais. Vaidade excessiva. Assentar Oya o mais rápido possível. Não sente em cadeira molhada nem se molhe com água de chuva. Evitar comidas muito condimentadas e apimentadas.

- **ÈJÌOLÓGBÓN-ÀLÁFÍÀ:**

PROVÉRBIO:
"A desobediência às vezes custa a própria vida."

SIGNIFICADO DA CAÍDA:

Imaturidade. Sofrimento causado por filhos. Oferendar a Ìbèjì e a Õÿún. Roupas do consulente serão furtadas. Embora a pessoa seja muito inteligente, sua maturidade a leva a atitudes precipitadas e, por vezes, incoerentes.

ALGUMAS COMBINAÇÕES DO ODÙ ÌKÁ

- **ÌKÁ-BARÀ:**

PROVÉRBIO:
"Aquele que empresta perde o que emprestou e a quem emprestou."

SIGNIFICADO DA CAÍDA:
Guerra entre irmãos por *status*. Nostalgia provocada por Ẽgun. Conflitos em casa. Perda de tranquilidade. Acidentes. Doenças abdominais. Inimigos tramam contra a pessoa para que aja intempestivamente.

- **ÌKÁ-NÍLẸ̀:**

PROVÉRBIO:
"Folhas caídas, joguetes do vento são."

SIGNIFICADO DA CAÍDA:
Ilusões. Infidelidade matrimonial. Ciúmes. Intrigas. Ẽgun perturbando a casa do consulente. Maldade oculta, vinda de pessoas que frequentam a casa do consulente. Boca amarga. Embolia. Heresia. Assentar Òrìṣà Ọlọrí. Oferendar Iyẹmọja.

- **ÌKÁ-FÚN:**

PROVÉRBIO:
"Há momentos na vida em que, se perdermos, ganhamos."

SIGNIFICADO DA CAÍDA:

Na casa da pessoa há feitiço enterrado. Oferendas nas encruzilhadas próximas à residência do consulente. Vítima de intrigas. No local onde o consulente está se consultando, não é lá que os ẹbọ serão realizados nem é o santero que os realizará.

ALGUMAS COMBINAÇÕES DO ODÙ ỌGBÈ ÒGÚNDÁ

- **ỌGBÈ ÒGÚNDÁ-ṢE:**

PROVÉRBIO:
"O que hoje te deprecia, amanhã te necessita."

SIGNIFICADO DA CAÍDA:
Ambição desmedida. Derrubadas. Tendência a se animar por meio de jogatina. Imperfeição física e moral. Filhos sendo criados com liberdade excessiva. Intransigência. No trabalho, é invejado pela capacidade que tem.

- **ỌGBÈ ÒGÚNDÁ-BARÀ:**

PROVÉRBIO:
"Não é por madrugar que amanhece mais cedo."

SIGNIFICADO DA CAÍDA:
Por ter bom coração termina perdendo o que tem. Inimigos dentro de casa e no trabalho. Iniciação no culto a Ọrúnmìlà. Assentar Inlẹ́. Ẽgun familiar trazendo sono intranquilo, fome insaciável, riso e choro alternado. Tem de aprender a dizer não.

- **ỌGBÈ ÒGÚNDÁ-SÁ:**

PROVÉRBIO:
"O conselho de um jovem pode igualar-se à sabedoria do velho."

SIGNIFICADO DA CAÍDA:

Pessoas guerreiam com o consulente, porém perderão. Troca de informações. Mudanças têm de ser realizadas para que não se perca. Morte. Problemas cardíacos. Perigo de sofrer AVC. Amaldiçoaram o consulente em virtude do dinheiro que demonstra ter. Tropeços. Enganos. Trapaças.

ALGUMAS COMBINAÇÕES DO ODÙ ÀLÁFÍÀ

- ### ÀLÁFÌÁ-KÀNRÀN:

PROVÉRBIO:
"O sábio não teima nunca."

SIGNIFICADO DA CAÍDA:
Morte de pessoa mais velha. Perseguição física e astral. Curiosidade excessiva. Deve se alimentar melhor. Não deve se envolver com ọmọ Ṣàngó, afetivamente. Já pensou em suicídio. Pessoa cria filhos que são seus, porém não são do mesmo pai. Mordida de animal.

- ### ÀLÁFÍÀ-NÍLẸ̀:

PROVÉRBIO:
"O corpo morre quando a cabeça morre."

SIGNIFICADO DA CAÍDA:
Evolúção espiritual. Coisas se arrastam, demoram para acontecer. Agitação. Morte. Obediência. Convivência com pessoas opostas aos seus princípios. Para que a saúde seja boa, necessita ter o assentamento de Òdúdùwá. Consulente usa máscara, não é transparente. Vive maldizendo tudo. Falsidade. Cuidado com documentos.

- **ÀLÁFÍÀ-KÁ:**

PROVÉRBIO:
"A cabeça é o armazém que guarda tudo de bom que se aprende."

SIGNIFICADO DA CAÍDA:
A desobediência do consulente poderá levá-lo a pagar com a vida. Impotência sexual. Incômodos. Roubos. Tem mão para feitiçaria. Deve tomar banho de mar, far-lhe-á muito bem. O que procura em outro local está em sua própria casa.

OS ODÙ COMPOSTOS QUE DETERMINAM QUE ALGUNS ÒRÌṢÀ SEJAM ASSENTADOS PARA UMA PESSOA

ÒRÌṢÀ	ODÙ COMPOSTOS
– ÈṢÙ	Ofún-rosùn
	Ofún-barà
	Ofún-nílẹ̀
	Ofún-méjì
	Ọ̀bàrà-fún
	Ònílẹ̀-fún
	Òṣé-fún
	Ìròṣùn-kànràn
	Ìroṣùn-ṣé
	Ìroṣùn-bàrà
	Ìroṣùn-sá

Outros Odù Compostos

– ỌBALÚAIYÉ

Ìká-dí
Ìká-méjì
Ofún-ká
Òdí-ká

– ÒRÚNMÌLÀ

Òbàrà-méjì
Ìroṣùn-barà
Onílẹ̀-barà
Òṣé-rosún
Òbàrà-rosùn
Òṣé-gùndá
Ìròṣùn-nílẹ̀
Òbàrà-ṣé
Onílẹ̀-rosùn
Ònílẹ̀-ṣé
Òṣé-méjì
Òsá-ṣé
Ìròṣùn-ṣé

Observação:

Na tradicional religião afro-cubana encontramos, dentre outras, duas interpretações singulares:

– Ọlọkun, para que seja assentado para uma pessoa, é imperioso que todos búzios caiam fechados.

– Parindo Ònílẹ̀-méjì na mesa do jogo, o consulente é ọmọ Odùdúwà e pode ter quase todos os Òrìṣà assentados.

OS ODÙ QUE DETERMINAM QUAIS ÒRÌṢÀ PODEM SER TIRADOS PELO JOGO COM COCO

ODÙ	ÒRÌṢÀ
ẸTÁ ÒGÚNDÁ	ÈṢÙ
ÒBÀRÀ	ṢÀNGÓ
ÒṢÉ	ÒṢÚN
ÒDÍ	IYẸMỌJA
ÉJÌ ONÍLẸ̀	ỌBÀTÁLÁ

Outras Informações

"No importa cuanta evolución el ser humano alcance en su trayectoria en esta tierra, siempre, hasta el final de los tiempos, entre el cielo y la tierra estarán los orichas, y ellos son dadivosos y palpables a quien de verdad los busque con fé."

Oba Ecun

OMIẸ̀RỌ̀, A ÁGUA QUE APAZIGUA

Tanto na cultura yorùbá como na afro-cubana e na afro-brasileira, o omiẹrọ é entendido como o líquido sagrado usado nas iniciações após os ẹbọ e reúne ervas sagradas de uma ou mais Òrìṣà, que são piladas ou maceradas.

O objetivo maior do omiẹrọ é apaziguar, acalmar e tranquilizar uma pessoa.

Mencionaremos o processo usado pela tradição religiosa afro-cubana no preparo do omiẹrọ.

Dizem os santeros mais antigos que o omiẹrọ é feito com 101 ervas, mas, como é difícil encontrar todas, eles reduziram a quantidade de ervas para 21 espécies, que são divididas entre os Òrìṣà. Acrescentam-se às ervas: água de chuva, água de mar, água de rio, água benta, rum, mel de abelhas, manteiga de cacau, manteiga de corojo, cascarilha, pimenta e noz de cola e um pouco do ẹjẹ dos animais sacrificados para os Òrìṣà.

- **PREPARO DO OMIẸ̀RỌ̀:**

Um grupo de santeras macera as ervas e começa esse processo com cânticos em louvor a Eleguá e termina com Ìbéjì. Depois que terminam, misturam as ervas aos demais ingredientes e separam o omiẹ̀rọ̀, conforme a necessidade, ou seja, em relação às cerimônias que serão realizadas naquele dia.

O mais importante é que o omiẹ̀rọ̀ seja fresco, não fique guardado para ser usado no dia seguinte. É preparado sempre que seu uso for necessário.

- **ÀDÙRÀ FÚN OMIẸ̀RỌ̀:**
  (Reza para Omiẹ̀rọ̀)

Em yorùbá:
1. AGBÀRA ỌWỌ̀.
2. AGBÀRA ÀGBO EWÉ.
3. AGBÁRA ÀSOFÌN.
4. AGBÀRA LÁTI BI GÓLÙ.
5. AGBÀRA OLÓDÙMARÈ.

Em português:
1. Poder das mãos.
2. Poder do sumo das folhas.
3. Poder do legislador.
4. Poder para nascer do ouro.
5. Poder do Deus Supremo.

- **ÀDÙRÀ FÚN FỌ̀ ORÍ:**
  (Reza para lavar a cabeça)

Em yorùbá:
1. ÌWÈ, EWÉ GBÍGBO ÀBÒ.
2. ÀBÒ TI ỌMỌ TÓ LÓWÓ.
3. ARA ÒKÚ LÓRÍ ỌMỌLÚ GBA,
4. ẸYẸ TÓ TÚN OMI DI DÁRADÁRÀ, ALAGBÁRA.

Em português:
1. Banho de folhas piladas.
2. Cobertura do filho que tem dinheiro.
3. Corpo morto na cabeça de Ọmọlú,
4. que recebe tributos para tornar as águas poderosas.

- **ÀDÙRÀ FÚN ORÍ:**
  (Reza para a cabeça)

Em yorùbá:
1. ÌBÀ ỌBALÚAIYÉ.
2. ÌBÀ Ẹ LÉBỌ, LAI SI GBÍGBỌ́NÁ.
3. EPỌ, KÒ NÍ DÍDÁN.
4. ATARE Á MA TA.
5. KI ASSẸ WÉRÉ WÉRÉ NÍ FÚN NI LÁGBÁRA.
6. ÌKÍNI PẸ̀LÚ ÈJÌKÁ NÍ MÚ ORI YÍ.
7. ÌKÍNI PẸ̀LÚ YÍYÍ ÈJÌKÁ NÍ FÚN NÍ ÒPÒLOPÒ EBỌ ÌBÍLÈ.
8. ÌKÍNI PẸ̀LÚ ÈJÌKÁ, KÒ NÍ AGBÁRA LÁTI SSE IGBÁ ORÍ MI.
9. ẸNI TÍ SSE ỌMỌ ALAI LÁGBÁRA. ẸKỌ IRẸSÌ.
10. Ọ̀NÀ ÌYÍPADÀ SÍ AYỌ̀, KÀNJA TI ÌTANÀ,
11. FÚN ẸNI TÓ NI OGÍDÍ TÍ KÒ SÍ ÀTÚNSE.
12. ṢỌ́RA LÁTI KỌ́GBỌ́N.

Em português:
1. Meus respeitos, Ọbalúayé.
2. Meus respeitos, Ẹlẹ́bọ, Senhor das Oferendas.
3. Sem a quentura o dendê não brilha.
4. A pimenta-da-costa esquenta.
5. O poder imediato é para a Força Divina.
6. Cumprimento, girando os ombros.
7. Cumprimento, girando os ombros, como faz aquele que cuida do nascimento.
8. Cumprimento, girando os ombros, como faço para minha cabeça.
9. Sou filho das tradições: Àkàsà Irẹsì.
   (ÀKÀSÀ DE ARROZ = ALABASÀ)
10. Caminho retornando com alegria e felicidade,
11. Para que haja inspiração para não ser teimoso nem intratável.
12. É necessário que tenha consciência para arrepender-se.

- **ÀDÙRÀ LÁTI FỌ̀ ÌLẸ̀KẸ̀:**
  (Reza para lavar fio de conta)

Em yorùbá:
1. LÁTI NÍ ÀBÓ,
2. KÉ GBOGBO IBI KÚRÒ LỌ̀RÙN
3. PẸ̀LÚ ẸSUN OMI EWE GBÒ TÚTÙ.

Em português:
1. Para proteção,
2. Cortando todo mal no pescoço
3. Com o sumo das ervas frescas.

- **ÀDÙRÀ (ÒMÍRÀN) LÁTI FỌ̀ ÌLẸ̀KẸ̀:**
  (Reza [outra] para lavar fio de contas)

Em yorùbá:
1. OHUN TÍAMỌ NI MỌ́
2. TÍ WỌN BÁ SSỌ́ NÍGBÀGBO,
3. LÈ FA ÌFÀ SSẸ́HÌN PẸ̀LÚ.
4. ÀWỌN AGBÁRA TÓ SSỌ́ NI.

Em português:
1. Veja, vai ficar limpo!
2. Cuidado, sempre acompanharão e guardarão,
3. para poder manter a retaguarda sempre.
4. Eles possuirão força suficiente.

- **ÀDÙRÀ LÁTI KI ÀRÒ̩:**
  (Reza para saudar o dia)

Em yorùbá:
1. ISÉ IDÁN TÓ DÁRA NÍ ÌGBÀ PÍPÉ̩.
2. NÍ GBOGBO O̩DÚN, EYE MA LO SÍ ORÍLÈ̩DÈ MÍRÀN,
3. RÈ FÚN, ÒYE TI ORÍ,
4. SÙGBÓ̩N A MA PADÀ WÁ NÍ ÀSÌKÒ, SI ORÍLÈ̩DÈ RÈ,
5. ÒRÙN E̩YE̩ PADÀ WÁ SI LÉ.
6. ÓNÍ ÒYE ÀTI O̩GBÓ̩N LÁTI SSE SÚRÙ.

Em português:
1. O trabalho de magia é bem-vindo à doçura.
2. Todos os anos, o pássaro imigra para outro país,
3. para a sabedoria de sua cabeça,
4. porém retorna ao seu país de origem,
5. sempre que o tempo esquenta.
6. Ele tem a Sabedoria da Paciência.

- **ÀDÙRÀ LÁTI JÙ OMI SI ILE̩KUN NÍLÉ:**
  (Reza para jogar água na porta da casa)

Em yorùbá:
1. ÌYÁ ÀIPÉ̩.
2. OBÌ TÚTÚ.
3. O̩S̩E̩ DÚDÚ TUNTUN.
4. AGBÁRA TUNTUN.
5. AGBÁRA IYEBÍYE.

Em português:
1. Sofrimento recente.
2. Obí fresco.

3. Sabão da costa fresco.
4. Poder novo.
5. Poder alcançado.

- **ÀDÙRÀ LÁTI FÚN AGBỌN ÀTI OMI FÚN ÀWỌN JAGUN: ÈṢÙ, ÒGÚN, ỌṢỌ̀SI:**

   (Reza para dar coco e água aos guerreiros: Èṣù, Ògún, Ọṣọ̀sì)

   – ÈṢÙ

Em yorùbá:
1. ÈṢÙ LARÒYE, TÍ MA SUN AGBÁRA
2. AGBÁRA TÍ MA TAN NI ÀTI SÉ GÌRÌ.
3. ÈṢÙ NÍ FÚN NI LÁGBÁRA,
4. ÈṢÙ TÍ ÌBÍ,
5. ÈṢÙ NÍ MA SE OJÚBỌ,
6. ALÁGBÁRA LÁTI KÍNI ÀTI DÁ INÁ.

Em português:
1. Èṣù, meus respeitos, poderoso
2. Poder que ao mesmo tempo atrai e repele.
3. Èṣù que energiza,
4. Èṣù do nascimento
5. Èṣù que faz o assentamento,
6. Poderoso que cumprimenta e atiça o fogo.

– ÒGÚN

Em yorùbá:
1. BÍ, ASẸLE KÍ ÒGÚN.
2. BÀBÁ, AWO TÍ KO NÍ ỌWỌ̀ LAI NÍ,
3. ÌLÀNÀ FÚN ẸMÍ.
4. BÀBÁ ŃLÁ MI,
5. TÍ AJÁ RE MA RỌ OHUN NLÁ,
6. LALA LÁTI FÚN ILÉ NÍ ÒMÌNIRÀ,
7. LO ỌSUN LÁTI LA ỌNÀ.

Em português:
1. Ògún faz nascer a louvação.
2. Pai do Segredo desregrado,
3. Sem princípio de vida.
4. Grande pai,
5. Que o cachorro pensa alto,
6. Sonhando em liberdade para casa,
7. Através de Òşún para abrir os caminhos:

– ÒṢÒSI

Em yorùbá:
1. ÒṢÒSI, ODẸ NÍNÚ IGBÓ,
2. OLOFÀ TO FI IGBÒ SE ILÉ,
3. OLÙTÓJÚ GBOGBO ODẸ.

Em português:
1. Òşòsì, caçador da mata,
2. Senhor do arco e flecha e da floresta onde é sua casa,
3. Senhor Maior de todos os caçadores.

O Autor

Fernandez Portugal Filho sempre surpreende nos trabalhos que realiza, e agora não é diferente ao nos trazer os resultados de suas pesquisas sobre a prática cubana do jogo de búzios por Odù.

Nos intervalos de seu trabalho acadêmico na Universidade de Havana, saiu em busca dos sábios conhecimentos dos santeros, de como é processado o jogo de búzios por Odù, o porquê de só interpretarem até o 12º Odù, a prática oracular do coco, os Odù Compostos e os Odù e os Òrìsà.

Neste livro, Fernandez Portugal Filho apenas relata o falar e entendimento cubano sobre a adivinhação por meio dos búzios. Não tem o propósito de questionar o trabalho realizado pelos santeros cubanos, mas sim de mostrar como a transculturação acontecida em séculos passados até hoje é respeitada. Aproveita para remeter o leitor ou praticante a um estudo comparativo sobre o jogo de búzios praticado em Cuba e no Brasil.

Por inúmeras razões, o povo cubano mostra ao mundo sua inteligência, sagacidade, perspicácia e acima de tudo a esperança na vida, no porvir. Nem mesmo quando a revolução aconteceu esse povo deixou de acreditar em seus deuses negros; sem liberdade para cultuá-los, afinal o comunismo estava efervescendo, não os esqueceram e no silêncio de suas casas os reverenciavam.

Fernandez Portugal Filho procura embasar este livro principalmente em pesquisas junto a santeros e bàbálàwó competentes e com muitas décadas de prática diária, além dos inúmeros livros publicados em Cuba sobre o tema abordado.

Mais uma vez Ọrúnmìlà permite a Fernandez Portugal Filho encontrar-se com outro segmento da religião *mater* africana e poder relatar aos praticantes brasileiros de jogos de búzios por Odù a visão dos cubanos sobre o assunto, e isso vai, com certeza, aumentar os conhecimentos sobre os Odù, que irão tornar o trabalho do jogador/adivinho mais aprofundado, pois os Odù trazem os caminhos dos Òrìṣà, os ẹbọ para as mais diversas finalidades, a origem dos OSOBO e dos IRE, respectivamente negativo e positivo, ou não e sim. Realizado um jogo de búzios por Odù, e as recomendações de Ifá sendo absolutamente seguidas, o consulente terá uma vida bem melhor em todos os sentidos.

Fernandez Portugal Filho trabalha mais uma vez em prol da cultura religiosa afro-negra, abordando a interpretação cubana por meio dos Odù.

Yorubana, uma Nova e Moderna Perspectiva do Ensino Afro-Brasileiro e Tradicional Religião Yorùbá

O que é a Yorubana?

Quando esta pergunta nos é formulada, respondemos sempre que somos estudiosos e sacerdotes do Culto aos Òrìṣà com intensa participação na Tradição dos Òrìṣà. Desenvolvemos gradativamente ao longo dos anos um extenso trabalho de pesquisa de campo, voltado em grande parte aos cultuadores dos Òrìṣà, com o propósito de aprofundar as investigações acerca do Candomblé e da Tradicional Religião Yorùbá.

Propósitos Básicos

O Instituto de Cultura Yorùbá, simplesmente conhecido no Brasil pela denominação de **Yorubana**, é uma entidade cultural, filosófica, teológica, cujos principais objetivos são: normatizar, dignificar, salvaguardar, ensinar e preservar a intensa herança cultural religiosa, notadamente de origem Yorùbá, na formação cultural do Brasil.

A quem se destinam os cursos ministrados na Yorubana?

Nossa maior clientela e nosso público mais fiel são realmente ilustres membros das Comunidades Terreiros como Bàbálawọs, Bàbálòrìṣà, Yalòrìṣà, Ekẹji, Ogã, etc. Porém, isso não significa que apenas estas pessoas nos procurem.

Nossos cursos estão abertos a todas as pessoas que participam por crença da prática do Candomblé e/ou estejam identificadas com sua importância no contexto cultural de nossos valores e tradições. Portanto, isto não impede que pessoas de todos os níveis culturais e sociais, ou praticantes de distintas religiões, deles participem.

O que pretendemos com nossos cursos?

Conduzir o aluno a uma intensa reflexão sobre a existência dos complexos rituais dos Cultos Afro-Brasileiros, tão praticados em nosso país, porém, em alguns momentos tão pouco compreendidos. Pretendemos com isso trazer novos conhecimentos sobre a realidade do candomblé, sua história e tradição, importante veículo para o desenvolvimento, conhecimento e perpetuação das tradições, facilitando assim o estudo à luz da ciência contemporânea, explicando de forma simples, porém correta, os rituais, dogmas, tabus e injunções da diversificada trama ritual do Candomblé, pertencentes à etnia Yorùbá. Desmistificar errôneos conceitos que, embora já consagrados, fazem parte de uma proposta de omissão e dominação.

Possibilitando desde o neófito até o pesquisador mais experiente novas teorias que possam ampliar e enriquecer o imenso elenco de informações sobre o culto aos Òrìṣà.

Tradição

Existimos desde 2 de janeiro de 1977, contando com o apoio e estímulo das Embaixadas de vários países africanos: Nigéria, Gana, Senegal, Gabão e Costa do Marfim. Nosso propósito básico é contribuir com algumas correções, com isso reparando lamentáveis omissões existentes em nosso arcaico sistema educativo, no que se refere à memória, identidade, cultura, educação e perspectiva dos africanos e seus descendentes em nosso país.

Tal omissão proposital funcionou como endosso à perpetuação de práticas e teorias que visam a inferiorizar os seres de descendência africana.

Foram durante décadas discriminados todos os praticantes dos Cultos Afro-Brasileiros, os terreiros invadidos, seus dirigentes presos. Porém, a arbitrariedade cometida não silenciou totalmente os atabaques e ilu Bata, e a força dos afro-descendentes se fez sentir presente em toda a nossa vida cultural. Com essa exposição e nossa experiência em ensino, declaramo-nos pioneiros no ensino sistematizado de Cursos de Cultura Religiosa Afro-Brasileira e Tradicional Religião Yorùbá.

"O Ensino Religioso Afro-Brasileiro e Tradicional Religião Yorùbá"

O Ensino Religioso Afro-Brasileiro e da Tradicional Religião Yorùbá é conduzido dentro de moderna pedagogia e didática de ensino dirigido.

Dinâmica das Aulas

Aulas expositivas e práticas utilizando transparências, vídeos, DVDs, trabalhos em grupo, leitura e discussão geral de textos previamente selecionados, de acordo com cada peculiaridade dos cursos. Utilizando os mais modernos recursos audiovisuais, contando com cerca de 800 *slides* em cores e também de vídeos e DVDs, realizados no Brasil, na Nigéria e em Cuba, CDs de cânticos rituais, além de fotografias, cartazes, gravuras, transparências, etc.; enfim, todo material que possa contribuir para o melhor e mais eficiente aprendizado.

Público-Alvo

A grande maioria de nossos cursos é ministrada somente para iniciados no Culto aos Òrìṣà, outros não, ensejando assim a oportunidade de qualquer pessoa que não seja praticante do culto aos Òrìṣà poder participar. Realizamos, também, palestras, conferências e cursos em universidades.

Nossos cursos contam com o apoio de professores yorùbá, como também de entidades no exterior. Nossa experiência é de mais de 28 anos, com mais de cem cursos realizados nas principais capitais brasileiras e no exterior, contabilizando um universo de aproximadamente 3 mil alunos.

Todo e qualquer curso no exterior é sempre realizado para um público de, no mínimo, 20 alunos e ministrado somente em Espanhol, permitindo ao aluno gravar as aulas. No Brasil, os cursos para estrangeiros terão apenas os valores acrescidos de tradução.

Quais são os cursos ministrados na Yorubana?

Baseados em intensa pesquisa de campo no Brasil, na Nigéria e em Cuba, além de nossa experiência profissional e de uma bibliografia atualizada, calcada na Realidade Afro-Brasileira e Tradicional Religião Yorùbá, realizamos os seguintes cursos em Português ou em Espanhol, via CDs.

1. Introdução ao Estudo do Candomblé
2. De Eşú a Òşàlà
3. Ajọbọ Òrìşà Mi (Assentamentos do meu Òrìşà)
4. Ritual de Iniciação no Candomblé KÉTU
5. Ẹbọri (Bọri) – A Importância do ORI na Cultura Yorùbá – O Sagrado Alimento à Cabeça
6. Cosmogonia Yorùbá
7. A linguagem secreta dos Odù
8. Culto Ẽgungun
9. Íyàmí – O Culto às Mães Feiticeiras
10. Aje, Òrìşà da Riqueza
11. Adura, Òrìşà Mi (Rezas do meu Òrìşà)
12. Abikú, Abiko y Biaşẹ
13. Magia Yorùbá
14. Como Administrar um Ilé Aşẹ
15. Magia Afro-Brasileira
16. Candomblé Kètú – Herança Afro-Brasileira
17. Ọlọkun, Senhor de todos os oceanos
18. Òdùdùwá – O Bastão de Ẽgun
19. Èşù – Senhor de todos os caminhos

Ministrante dos cursos:

Professor Fernandez Portugal Filho, Professor Universitário e Doutorando em Antropologia Sociocultural, pela Universidade de Havana. Autor de dez livros de cultura Afro-Brasileira e dez apostilas.

Se você desejar, entre em contato telefônico conosco, deixe sua mensagem e telefone, que, em seguida, entraremos em contato com você com ligação a cobrar.

Caso você deseje receber *gratuitamente* o Catálogo de Publicações de livros e apostilas, e o Catálogo de Cursos, nosso contato é:

YORUBANA
CAIXA POSTAL 40099 – Rio de Janeiro/RJ
CEP 20272-970 – BRASIL
e-mails: yorubana@zipmail.com.br
yorubana@globo.com
Site: www.editorayorubana.com.br

Tels.: (0__21) 3181-6022
3285-7439
9124-4382

Rio de Janeiro/RJ — BRASIL

**Saudações Yorùbá de Fernandez Portugal Filho
Diretor de Ensino e Pesquisa**

Nota do Editor

A Madras Editora não participa, endossa ou tem qualquer autoridade ou responsabilidade no que diz respeito a transações particulares de negócio entre o autor e o público.

Quaisquer referências de internet contidas neste trabalho são as atuais, no momento de sua publicação, mas o editor não pode garantir que a localização específica será mantida.

Yorubana, una Nueva y Moderna Perspectiva de la Enseñanza Afro-Brasileña y Tradicional Religión Yoruba

¿Qué es la Yorubana?

Cuando nos hacen esta pregunta, respondemos siempre que somos estudiosos y sacerdotes del Culto a los *Orixá*, con intensa participación en su tradición. Desarrollamos gradualmente durante varios años un amplio trabajo de investigación de campo, orientados principalmente a los seguidores de los Orixá, con el propósito de profundizar las investigaciones acerca del *Candomblé* y de la *Tradicional Religión Yoruba*.

Propósitos Básicos

El **Instituto de Cultura Yoruba** simplemente conocido en Brasil por la denominación de **Yorubana**, es una entidad cultural, filosófica, teológica cuyos principales objetivos son: dictar norma, dignificar, salvaguardar, enseñar y preservar la intensa herencia cultural religiosa, mayoritariamente de origen **Yoruba** en la formación cultural del Brasil.

¿A quién se destinan los Cursos ofrecidos em el Yorubana?

Nuestros mayores frecuentadores y nuestro público más fiel son realmente ilustres miembros de las Comunidades de Terreros (locales de práctica llamados así, por tener el suelo de tierra) como Bàbálawọs, Bàbálòrìṣà, Yalòrìṣà, Ekẹji, Ogã, etc. Pero eso no significa que solamente estas personas nos busquen.

Nuestros Cursos están abiertos a todas las personas que participan por creencia de la práctica del Candomblé y/o estén identificados con su importancia en el contexto cultural de nuestros valores y tradiciones.

Por lo tanto, esto no impide que personas de todos los niveles culturales y sociales, o practicantes de distintas religiones participen.

¿Qué pretendemos con nuestros Cursos?

Conducir el alumno a una intensa reflexión sobre la existencia de los complexos rituales de los **Cultos Afro-Brasileños,** tan practicados en nuestro país y en algunos momentos tan poco comprendidos. Pretendemos con eso traer nuevos conocimientos sobre la realidad del Candomblé, su historia y tradición, importantes vehículo para el desarrollo, conocimiento y perpetuación de las tradiciones, facilitando así el estudio a la luz de la ciencia contemporánea, explicando de forma simples, pero correcta, los rituales, dogmas, tabúes y entredichos de la diversificada trama ritual de Candomblé, pertenecientes a etnia Yoruba. Desmitificar erróneos conceptos que además ya consagrados, hacen parte de una propuesta de omisión y denominación. Posibilitando que del principalmente hasta el investigador más experimentado conocer nuevas teorías que puedan ampliar y enriquecer el gigantesco elenco de informaciones sobre el culto a los *Orixá.*

Tradición

Existimos desde 2 de enero de 1977, contando con el apoyo y el estímulo de las Embajadas de varios países africanos. Nigeria, Gana, Senegal, Gabón y Costa del Marfil. Nuestro propósito básico es contribuir con algunas correcciones, reparando con eso lamentables omisiones, existentes en nuestro arcaico sistema educativo, en lo que se refiere a la memoria, identidad, cultura, educación y perspectiva de los africanos y sus descendientes en nuestro País.

Tal pretendida omisión funcionó como endoso a la perpetuación de prácticas y teorías que pretenden menospreciar los seres de descendencia africana.

Fueran durante décadas discriminados todos los participantes de los Cultos Afro-Brasileños, los terreros invadidos, sus dirigentes presos. Pero, la arbitrariedad cometida no silenció totalmente los **Terrenos atabaques** e **iluBata**, y la fuerza de los afros descendientes marcó presencia en toda nuestra vida cultural. Con esa exposición anterior y nuestra experiencia en educación, nos declaramos pioneros en la enseñanza sistematizada de **Cursos de Cultura Religiosa Afro Brasileña y Tradicional Religión Yoruba.**

"La Enseñaza Religiosa Afro-Brasileña y Tradicional Religión Yoruba"

La Enseñanza Religiosa Afro-Brasileña y de la Tradicional Religión Yoruba es conducida dentro de moderna pedagogía y didáctica de enseño dirigido.

Dinámica de las Clases:

Clases expositivas y prácticas utilizando transparencias, vídeos, dvd's, trabajos en grupo, lectura y discusión general de textos previamente seleccionados, de acuerdo con cada particularidad de los Cursos. Utilizando los más modernos recursos audio visual, contando casi con ochocientos "diapositivas" en colores y también de videos y dvd's, realizados en Brasil, en Nigeria y en Cuba, cd's de cánticos rituales, además fotografías, carteles, figuras, transparencias, etc., en fin, todo material que pueda contribuir para el mejor y más eficiente aprendizaje.

Público Objeto:

La gran mayoría de nuestros Cursos son ofrecidos solamente para iniciados en el Culto a Los Orixá, otros no, dando así, la oportunidad de cualquier persona que no sea practicante del culto a los Orixá pueda participar. Realizamos también, palestras, conferencias y cursos en universidades.

Nuestros cursos cuentan con el apoyo de profesores Yoruba, como también de entidades en el exterior. Nuestra experiencia es de más de veinte ocho años, con más de cien cursos realizados en las principales capitales brasileñas y en el exterior, contabilizando un universo de aproximadamente tres mil alumnos.

Todo y cualquier curso en el exterior es siempre realizado para un publico con un mínimo de veinte alumnos, todos los cursos en el exterior son dados apenas en Español, permitiendo al alumno grabar sus clases. En Brasil, los cursos para extranjeros, tendrán solamente los valores gastos con traducción.

¿Cuáles son los Cursos Ministrados em la Yorubana?

Con base en intensa investigación de campo en Brasil, en Nigeria y en Cuba, además de nuestra experiencia profesional y de una bibliografía actualizada, fundamentada en la Realidad Afro-Brasileña y Tradicional Religión Yoruba, realizamos los siguientes Curso en Portugués o en Español, vía cd´s.

1. Introducción al Estudio del Candomblé
2. De Exú a Òxalá
3. Ajobo Òrìṣà Mi (Asentamientos de mi Òrìṣà)
4. Ritual de Iniciación en el Candomblé KÉTU
5. Ẹbọri (Bọri) – La Importancia del ORI en la Cultura Yorùbá. – El Sagrado Alimento a la Cabeza
6. Cosmogonia Yorùbá
7. El lenguaje Secreta de los Odù
8. Culto Ẽgungun
9. Íyàmí – El Culto a las Madres Hechiceras
10. Aje, Òrìṣà de la Riqueza
11. Adura, Òrìṣà Mi (Rezas de mi Orixá)
12. Abikú, Abiko y Biaṣẹ
13. Magia Yorùbá
14. Como Administrar un Ilé Aṣẹ
15. Magia Afro-Brasileña
16. Candomblé Kètú – Herencia Afro-Brasileña
17. Ọlọkun, Señor de todos los océanos

18. Òdùdùwá – El Bastón de Ẽgun
19. Èṣù – Señor de todos los caminos

Ministrante de los Cursos:

Profesor Fernandez Portugal Filho, Profesor Universitario y Doctorando en Antropología Socio-Cultural, por la Universidad de Habana. Autor de diez libros de cultura Afro-Brasileña, y diez apostillados.

Si usted desear, entre en contacto telefónico con nosotros, deje su mensaje y teléfono, que en seguida entraremos en contacto (con llamada a cobrar).

Caso usted desee recibir gratuitamente el Catálogo de Publicaciones de Libros y folletos, y el Catálogo de Cursos, nuestro contacto es:

YORUBANA
CAIXA POSTAL 40099 – Rio de Janeiro/RJ
CEP 20272-970 – BRASIL
e-mails: yorubana@zipmail.com.br
yorubana@globo.com
Site: www.editorayorubana.com.br

Tels.: (0__21) 3181-6022
3285-7439
9124-4382

Rio de Janeiro/RJ — BRASIL

Saludos Yorùbá de Fernandez Portugal Filho
Director de Enseñanza y Estudios

Yorubana, a New and Modern Perspective on Afro-Brazilian Teaching and on Yorùbá Traditional Religion

What is Yorubana?

Whenever we are asked this question, we always answer that we are scholars and priests of the Worship to Òrìṣà, with intense participation in the Òrìṣà tradition. Throughout the years, we have gradually developed a broad field work and research centered mainly on Òrìṣà worshippers. Our purpose is to deepen the investigations on Candomblé and Yoruba Traditional Religion.

Basic Purposes

The Yoruba Institute of Culture, known in Brazil simply by the designation **Yorubana**, is a cultural, philosophical, and theological institution whose main objectives are: to standardize, safeguard, teach and preserve the intense cultural and religious heritage, mostly from Yorùbá origins in Brazil's cultural formation.

Who is the target audience for the Yorubana courses?

Most of our students and our most loyal audience are indeed honorable members of the Terreiros ("Egbe", in the Yoruba language) Communities such as Bàbálawọs, Bàbálòrìṣà, Yalòrìṣà, Ekẹji, Ogã, and so on. However, our audience is not restricted to these people.

Our Courses are open to all those who want to take part because they believe in the religious practice of Candomblé and/or identify themselves with its importance in the cultural and social levels and from any religious background are allowed to participate.

What we intend with our Courses

To lead the student through an intense reflection on the existence of complex Afro-Brazilian Whorship rituals, which are much practiced in Brazil, and however, at times, not completely understood. Therefore, we intend to bring new understanding on the reality of candomblé, its history and tradition as an important vehicle for the development, knowledge and perpetuation of its traditions. This will make it easier to study candomblé in the light of contemporaneous science, explaining in a simple, yet correct way the rituals, dogmas, taboos and injunctions of Candomblé's diversified ritual plot, which belong to the Yoruba ethnic group. To debunk erroneous concepts which, although accepted, make part of a proposal for omission and domination. This will allow both the beginner and the most experienced researcher to be in touch with new theories that may broaden and enrich the vast amount of information on Òrìṣà's whorship.

Tradition

Our group came into existence on January 2nd, 1977, being supported and encouraged by several African countries' embassies, such as Nigeria, Ghana, Senegal, Gabon and Ivory Coast. Our basic purpose is to contribute with some corrections, thus repairing regrettable omissions existing in our archaic educational system concerning African's memory, identify, culture, education and perspective, as well as their descendants' in Brazil.

Such purposeful omission has worked as an endorsement for the perpetuation of practices and theories aiming to debase African descendants.

During decades, all those who practiced Afro-Brazilian Whorshipping were discriminated, their *Egbe* were invaded, their leaders were arrested. However, these arbitrary acts did not hush completely the conga drums, and the Ilu Bata, ant the strength of Afro-Descendants could be felt in every bit of our cultural life. With the exposition presented above and with our experience in teaching, we assert ourselves as pioneers in the systematical teaching of Courses on Afro-Brazilian Religious Culture and Yoruba Traditional Religion.

"The Afro-Brazilian and Yoruba Traditional Religious Teaching"

The Afro-Brazilian and Yoruba Traditional Religious Teaching is done within the scope of modern pedagogy and didactics in directed teaching.

Class Dynamics:

Expositive and practical classes using overhead projector, videotapes, DVDs, group tasks, reading and discussion of selected texts, according to the peculiarities of each Course. Using the most advanced media, with around 800 color slides and also videotapes and DVDs made in Brazil, Nigeria and Cuba, CDs with ritual singing and photographs, posters, pictures, etc., in sum: all the material that can contribute for a better and more efficient learning.

Intended Audience:

Most of our Courses are offered only for those who have been initiated in the Whorship of the Òrìṣà; but other Courses are open, therefore offering the opportunity for any person to participate. We also organize lectures, conferences and courses at universities.

Our courses are backed up the Yoruba masters, as well as by foreign institutions. We have more than 28 years of experience; having offered more than a hundred courses in the most important Brazilian capitals and abroad, totalizing a universe of approximately three thousand students.

Every course abroad is always organized for an audience of at least twenty students, and they are taught only in Spanish; the students are allowed to record the classes. In Brazil, the courses for foreigners will have the additional cost of translation included.

What are the Courses offered at Yorubana?

Based on deep field research in Brazil, Nigeria and Cuba, besides our professional experience and an up-to-date literature related to Afro-Brazilian Reality and Yoruba Traditional Religion, we have offered the following courses in Portuguese or in Spanish, through CDs:
1. Introduction to the Study of Candomblé
2. From Eṣú to Òṣàlà
3. Ajọbọ Òrìṣà Mi (Records from my Òrìṣà)
4. Initiation Ritual in Candomblé KÈTÙ

5. Ẹbọri (Bọri) – The Importance of ORI in Yoruba Culture. The Mind's Sacred Food
6. Yorùbá Cosmogony
7. The Secret Language of the Ódù
8. Ẽgungun Worship
9. Íyàmí – The Worship of Sorceress Mothers
10. Aje, Wealth Òrìṣà
11. Adura, Òrìṣà Mi (Prayers of my Òrìṣà)
12. Abikú, Abiko y Biaṣẹ
13. Yoruba Magic
14. How to Manage a Ilé Aṣẹ
15. Afro-Brazilian Magic
16. Candomblé Kètú –Afro-Brasilian Heritage
17. Ọlọkun, Lord of oceans
18. Òdùdùwá – The Rod of Ẽgun
19. Èṣù – Lord of all the paths

The Courses are Ministered by:

Professor Fernandez Portugal Filho, Univesity Profesor, PhD student in Social Cultural Anthropology at the University of Havana. Author of ten books os Afro-Brazilian culture and ten booklets.

If you wish to call us by telephone, please leave your message and your phone number, and we'll make you a collect call.

If you wish to receive *fro free* the Catalogue with all the books and booklets published, and the Courses Catalogue, please write to:

YORUBANA
CAIXA POSTAL 40099 – Rio de Janeiro/RJ
CEP 20272-970 – BRASIL
e-mails: yorubana@zipmail.com.br
yorubana@globo.com
Site: www.editorayorubana.com.br

Phone: (+55 21) 3181-6022
3285-7439
9124-4382

Rio de Janeiro/RJ — BRASIL

Yoruba Greetings from Fernandez Portugal Filho
Teaching and Research Director

Bibliografia

"Sistema de Adivinación por medio del Merindilogum". Conferência apresentada no terceiro International Congress on Òrìṣà Tradition and Culture. New York, out/1986. 3p.

A Dictionary of the Yorùbá Language. Oxford: Oxford University Press, 1976.

A Usted que Es Religioso. Havana, Cuba, s/d.

ABOY DOMINGO, Nelson Marco. *Breve Estudio de la Regla Conga Residual del Palo Monte y su Impronta en Cuba.* Havana, Cuba, s/d. p. 95-9. (inédito)

ABRAHAN, R. C. *Dictionary of Modern Yorùbá.* London: Hodder and Stoughton Educational, 1981.

Africanismo. Revista Cablegrafia Bimestral. Nº 3. Fevereiro/março de 1993. Cuba, Havana.

Adimu, Ofrenda a los Orishás. Oshundeí: Havana, Cuba, s/d. p. 28-227.

_____. *Sixteen Cawries: Yorùbá Divination from Africa to the New World.* Indiana: Indiana University Press, 1980.

AROSTEGUI, Natalia Bolívar. *Opolopo Owo.* Havana: Editorial de Ciencias Sociales, Colección Echú Bii, 1994.

AROSTEGUI, Natália Bolívar; VILEGAS, Carmen G. Dias de. *Mitos y Leyendas de la Comida Afro-Cubana.* Havana: Editorial de Ciencias Sociales, Colección Echú Bii, 1994.

_____. *Ifá: su Historia en Cuba*. Havana: Ediciones Unión, 1996.

_____. *Los Orishás en Cuba*. Havana: Ediciones Pablo Milanes, 1994. p. 227-32, 278-9 e 284.

CABRERA, Lydia. *Anagó: Vocabulario Lucumi (el yorùbá que se habla en Cuba)*. Flórida: Ediciones Universal, 1986.

_____. *El Monte*. Flórida: Ediciones Universal: 1986. p. 20, 53, 56, 60-1, 63, 83-4, 87, 307, 381, 383, 394.

_____. *Koeko Iyawó: Aprende Novicia. Pequeño Tractado de Regla Lucumi*. Florida: Ediciones C. R., s/d. p. 44-143.

_____. *La Regla Kimbisa del Santo Cristo del Buen Viaje*. Florida: Ediciones C. R., s/d. p. 40-62.

_____. *Refranes de Negros Viejos*. Florida: Ediciones C. R., 1970.

DENIS, Dohou Codjo. "La mort 'as conception': Les Cérémonies Chez Les Fon el Les Yorùbá de Ouidah". *Africa*. Revista do Centro de Estudos Africanos, nº 2. São Paulo, 1979. p. 13-44.

DIAZ FABELO, Teodoro. *Análisis y Evaluación de las Letras del Dilogun*. Havana: Biblioteca Nacional José Martí, 1967. (inédito)

_____. *Como se Lee y Tira el Coco*. Havana: Biblioteca Nacional José Martí, 1969. (inédito)

_____. *Los Caracoles*. Havana: Biblioteca Nacional José Martí, 1967. (inédito)

BASCON, William R. "Two Forms of Afri-Cuban Divination". In: *Acculturation in the Americas*. Chicago: University of Chicago Press, 1952. p. 169-79.

DUPONT, Albert. *Los Oráculos de Biaguey y Dillogum*. Havana, Cuba, s/d.

ELIZANDO, Carlos. *Manual del Italero de la Religión Lucumi*. Havana, Cuba, s/d. p. 16-72 (mimeografado).

FANTUNMBI, Awo Fá L'Okum. *Awo Ifá and the Teology of Orisha Divination*. New York: Original Publications, 1992. p. 51-148.

FERNÁNDEZ ROBAINA, Tomás. *Hablen Paleros y Santeros*. Havana: Editorial de Ciencias Sociales, Colección Echú Bii, 1994.

FERNÁNDEZ, Julio da Conceição. *Diccionario Cuyas Portugués/ Español*. Barcelona: Ediciones Hymsa, 1995.

GONZÁLEZ-WIPPLER, Migene. *Tales of the Orishás*. New York: Original Publications, 1985. p. 121-3.

_____. *African Magic in Latin America Santería*. New York: Original Publications, 1987. p. 99-101.

_____. *Introduction to Seashell Divination*. New York: Original Publications, 1989.

_____. *Rituales y Hechizos de Santería*. Madri: Luiz Cárcamo, 1989. p. 72-82.

_____. *Rituals and Spells of Santería*. New York: Original Publications, 1984. p. 57-68.

_____. *Santería: Magia Africana en Latinoamérica*. s/e, s/d.

_____. *The Santería Experience*. New York: Original Publications, 1982. p. 35-53.

Gran Diccionario General Yorùbá. Havana, Cuba, s/d.

GUALORUM, Ala Mito Ifá. *Tratado Enciclopédico de los Orishás*. Havana, Cuba, s/d.

GÜERERE, Tabare. *Hablan los Santeros*. Caracas: Alfadil Ediciones, 1993.

GUERRA, Rosa Maria de Lahaye, e LOUREDA, Rubén Zardoya. *Iyemayá a través de sus Mitos*. Havana: Editorial de Ciencias Sociales, 1996.

GUZMÁN, Carlos. *Santería: la Advinación por medio de los Caracoles*. New York: Latin Press Pub. Co., 1981. 52 p.

Hierbas, para la Medicina y los Santos. Havana, Cuba, s/d. 70 p.

IFÁ. "O Erindilogum ou Jogo de Búzios e o Opelé". In: *Umbanda, uma Religião Brasileira*. São Paulo: Escala, s/d.

KARODE. Baba Ifa. *The Handbook of Yorùbá Religious Concepts*. York Beach, Maine: Samuel Weiser Inc., 1994. p. 81-90.

La Regla de Ocha. Havana, Cuba, s/d.

LACHATAÑERE, Rómulo. *El Sistema Religioso de los Afro-Cubanos*. Havana: Editorial de Ciencias Sociales, Colección Echú Bii, 1992. p. 125-30 e 326-48.

LOPEZ, Lourdes. *Estudio de un Babalao*. Habana: Universidade de La Habana, Departamento de Actividades Culturales, 1978.

Los Caracoles del Santero: Manual para la Adivinación. Havana, Cuba, s/d. 40 p.

Los Santos Guerreros: Oggum, Ochosi e Eleggua. Religión Yorùbá – Manual del Practicante. Havana, Cuba, s/d. 20 p.

Manual del Santero. Tomo I. Havana, Cuba, s/d. p. 108-504.

Manual del Santero. Tomo II. Havana, Cuba, s/d. p. 505-91.

MARTI, Agenor. *Meus Oráculos Divinos: Revelações de uma Sibila Afro-Cubana.* Rio de Janeiro: Bertrand, 1994. p. 57-81.

MASON, John. *Dida Obi (Kolanut Divination).* New York: Yorùbá Theological Archiministry, 1982. 19 p.

MENENDEZ, Lázara. *Estudios Afro-Cubanos.* Havana: Universidad de La Habana, 1990.

MORAES, Helder. *Ifa, a Ciência de Desvendar o Futuro.* Campinas: Edilap, 1994.

MORAIS, Jorge. *Obi, Oráculos e Oferendas.* Recife: Djumbay, 1993. 80 p.

NODAL, Roberto. *The Dynamics of Ifa Divination in Cuba.* Milwaukee: University of Wisconsin, Departament of Afro-American Studies, 1971. 20 p. (manuscrito não publicado)

OBEBARA, Awofa. *O Jogo de Búzios por Odù.* Rio de Janeiro, 1993. (apostila)

OLUFANDEF. *Ediciones Yorùbá.* Havana, Cuba, s/d. p. 62-71.

Orishás: Dominios, Caminos, Poderes. Havana, Cuba, s/d. 26 p.

ORTIZ, Fernando. *Los Negros Brujos.* Madri: Editorial América, 1917. p. 180-2.

Palo Mayombe, Palo Monte, Regla de Palo: Manual del Practicante. Havana, Cuba, s/d. p. 15.

PEDRO, Alberto. "Regla de Ocha: La Letra del Año". In: *Africanismo*, nº 15 – Jan/fev/mar de 1995. Havana, Cuba.

Pequeno Dicionário Brasileiro Espanhol-Português/Português-Espanhol. São Paulo: Oficina de Textos, 1997.

PORTUGAL FILHO, Fernandez. *Os 256 Odù.* 2ª ed. Rio de Janeiro: Editora Centro de Estudos e Pesquisas de Cultura Yorubana, 1998. (apostila)

_____. *Curso de Cultura Religiosa Afro-Brasileira.* Rio de Janeiro: Livraria Freitas Bastos, 1988.

_____. *Encanto e Magia dos Orixás no Candomblé.* Rio de Janeiro: Ediouro, 1986.

_____. *O Jogo de Búzios: A Sorte e o Destino Revelados pelo Jogo de Búzios.* Rio de Janeiro: Ediouro, 1986.

_____. *O Jogo de Búzios: uma Introdução ao Sistema Classificatório do Jogo de Búzios por Odù e Outras Informações do Culto aos Òrişà.* Rio de Janeiro: Editora Centro de Estudos e Pesquisas de Cultura Yorubana, 1990.

_____. *Rezas, Folhas, Chás e Rituais dos Orixás.* Rio de Janeiro: Ediouro, 1987.

_____. *Yorùbá, a Língua dos Orixás.* 4ª ed. Rio de Janeiro: Pallas, 1985.

RAMOS. Miquel Willie. *Dida Obi, Adivinación a través del Coco.* Porto Rico: O Autor, 1982. 33 p.

REIS, José Nilton V. *Curso de Ifá.* Rio de Janeiro, s/d. (apostila)

RESPALL FINA, Raimundo. *La Santería en Cuba.* Havana, Cuba, s/d. 6 p.

_____. *Santería y Revolución en el Contexto Cubano.* Havana, Cuba, 1995. 14 p.

RODRÍGUEZ REYES, Andrés. *La Santería Cubana o Regla de Ocha.* Havana, Cuba, s/d. 6 p.

ROGERS, Andre R. *Los Caracoles: Historia de sus Letras.* Washington: D. C. Librería Latinoamericana, 1973.

SÁENZ ASTORT, J. A. *El Oráculo de los Cauris: Hablan los Caracoles.* Caracas: Alfadil Ediciones, 1994.

SANTOS, Juana Elbein dos. *Os Nagô e a Morte.* Rio de Janeiro: Vozes, 1975.

SANTOS, Orlando J. *Òrúnmílà e Èşù.* Curitiba, 1991.

VALDÉS GARRIZ, Yrmino. *Dilogun.* Havana: Ediciones Unión, 1997.

VALENTIM ANGARICA, Nicolas. *Manual del Oriate Religion Lucumi.* Havana, Cuba, s/d.

VERGER, Pierre. *Notes sur le Culte des Orisa et Vodun em Bahia, La Bahia de tous les Sains au Brasil et à l'ancienne côte des esclaves en Afrique*. Dakar: Ifan, 1957.

_____. *Orixás: Deuses Yorùbá na África e no Mundo Novo*. São Paulo: Corrupto, 1981.

OUTRAS FONTES CONSULTADAS:

Libretos de santeros e babalaos;

Documentos inéditos do princípio do século XX;

Textos inéditos de vários santeros cubanos;

Visitas regulares à Biblioteca Nacional José Martí, em Havana, Cuba;

Arquivo do autor;

Arquivo do Centro de Estudos e Pesquisas de Cultura Yorubana;

Entrevistas com religiosos que não quiseram ser identificados e que, entretanto, colaboraram com os dados definitivos em referência aos sistemas divinatórios de várias categorias, sobretudo aos "Pataki".

DVDS:

– *En el País de los Orichas*

– *Conjunto Nacional Folklórico de Cuba*. Havana: Vídeo América S/A, s/d. 58 min. – Cuba.

– *Obi, Dilogun y Ekuele*: *Sabedoría del Oráculo*. Havana: Imagines S/A, s/d. 27 min. – Cuba.

– *Oggún, Tradiciones Afro-Cubanas*. Distribuidora Internacional de Vídeos, s/d. 57 min. – Cuba.